Süße Liebe

KUCHEN, TORTEN UND ANDERE
KÖSTLICHKEITEN

Lifestyle
BUSSE
SEEWALD

ÅSA SWANBERG, MALOU HOLM

Rezepte und Backen: Åsa Swanberg
Requisiten, Bildarrangements und grafische Form: Malou Holm
Fotos: Wolfgang Kleinschmidt
Bildbearbeitung: Matilda Boström
Covergestaltung: Petra Theilfarth
Übersetzung: Julia Gschwilm
Lektorat: Bettina Snowdon
Programmleitung & Produktmanagement: Susanne Klar, Melissa Brosig
Druck & Bindung: Firmengruppe Appl, aprinta druck, Wemding
Printed in Germany

Die Originalausgabe ist im Ordalaget Bokförlaget, Schweden, unter dem Namen „Sweet dreams" erschienen und wurde für die deutsche Ausgabe von der Bennet Agency, Schweden, vermittelt.

1. Auflage 2013

ISBN: 978-3-7724-7356-2 • Best.-Nr. 7356

Vorwort

Zu backen heißt zu schaffen. Es heißt, an Farbe, Form, Geschmack und Konsistenz zu denken, und – wenn Sie das anbieten wollen, was Sie schaffen – den gewünschten Effekt nicht zu vergessen! Backen kann eine todernste Angelegenheit sein, wenn man prätentiös sein will, aber in unserer Welt ist es etwas Lustvolles, Kreatives und Entspannendes. Wir lassen unserer Fantasie gerne freien Lauf und probieren wild herum! Manchmal wird es mehr hübsch als lecker, oft aber auch umgekehrt. Das Ziel ist natürlich, dass es hübsch und lecker wird, und das bieten die Rezepte, die wir in diesem Buch gesammelt haben: Torten, Kuchen, Desserts, Tartes, Trüffel: Gebäck, das Sie anbieten oder einfach selbst genießen können, manches aus-gefallener als anderes. Zudem haben wir noch einmal genauso viel Energie auf die Präsentation verwendet. Wir haben in jedem Bild eine Stimmung aufgebaut, um alles noch schöner zu machen. Wie Sie es machen wollen, wenn Sie backen, bestimmen natürlich Sie allein. Schaffen Sie Ihre eigenen Stillleben – oder backen Sie einen Kuchen, um ihn sofort aufzuessen. Vergessen Sie nicht: „Lustvoll" ist das Stichwort.

Åsa Swanberg und Malou Holm

Schokolade

SCHOKOLADENTÖRTCHEN MIT BLAUBEEREN

REZEPT FÜR 6 STÜCK

TOFFEE

150 g Sahne

125 g Zucker

150 ml heller Sirup, siehe dazu Seite 160

2 TL Vanillezucker

BROWNIE-BODEN

150 g Butter und etwas für die Form

150 g dunkle Blockschokolade

225 g Zucker

150 g Weizenmehl

50 g Kokosflocken

3 Eier

SCHOKOLADENSCHALE

200 g dunkle Schokolade (mind. 70% Kakaoanteil)

TOPPING

250 g frische Blaubeeren

1 runde Ausstechform mit ca. 6 cm Durchmesser

TOFFEE Sahne, Zucker, Sirup und Vanillezucker in einem Topf mischen. Aufkochen und ca. 20–25 Minuten köcheln lassen, das Toffee soll zähflüssig werden. Abkühlen lassen.

BROWNIE-BODEN Den Ofen auf 200° C vorheizen. Butter schmelzen. Schokolade hacken, in die Butter geben und zu einer Masse verschmelzen lassen. Zucker, Mehl und Kokosflocken in einer Schüssel mischen. Die Eier nacheinander einrühren und die Mischung unter die Schokoladenbutter heben. Eine Form mit mindestens 5 cm Höhe und höchstens 20 x 20 cm Größe einfetten. Den Teig hineingießen. Auf der mittleren Schiene backen, bis die Oberfläche und die Ränder trocken, aber die Mitte immer noch etwas klebrig ist; prüfen Sie den Teig mit der Stäbchenprobe, es dauert 15–20 Minuten. Abkühlen lassen. Mit der Ausstechform sechs zylinderförmige Kuchen ausstechen.

SCHOKOLADENSCHALE Sechs 6 x 21 cm große Streifen aus Backpapier ausschneiden. Die Streifen auf eine mit Backpapier ausgelegte ebene Fläche legen. Schokolade schmelzen und dünn auf die Streifen streichen. Die Schokolade eine Weile erstarren, aber nicht ganz fest werden lassen. Die Streifen mit dem Backpapier außen um die Kuchen legen. Das eine Schokoladenende an den Kuchen drücken und das andere überlappen lassen. Ca. 20 Minuten kalt stellen. Das Backpapier abziehen und das überlappende Ende mit den Fingern wärmen, bis man es andrücken und die überlappende Stelle sauber verstreichen kann.

ZUSAMMENSETZEN Die Schokoladenschale mit Toffee füllen und mit frischen Blaubeeren belegen.

Nymphen der Nacht

REZEPT FÜR CA. 25 STÜCK

BROWNIE-BODEN

150 g Butter

150 g dunkle Blockschokolade

2 Eier

125 g Zucker

90 g Weizenmehl

KAFFEEGANACHE

100 g dunkle Schokolade (mind. 70% Kakaoanteil)

100 g Sahne

1 EL Honig

1 1/2 EL löslicher Kaffee

1 EL Butter

DEKORATION

Zuckerperlen

BROWNIE-BODEN Den Ofen auf 175° C vorheizen. Die Butter mit der Schokolade bei schwacher Hitze schmelzen. Etwas abkühlen lassen. Eier, Zucker und Mehl hinzufügen. Den Teig glatt rühren. Eine etwa 115 x 20 cm große Form mit Backpapier auskleiden und den Teig hineinstreichen. Auf der mittleren Schiene 20–25 Minuten backen.

KAFFEEGANACHE Schokolade hacken und in eine Schüssel geben. Sahne, Honig und Kaffee aufkochen. Die Mischung über die Schokolade gießen und mit einem Stabmixer mixen. Butter hinzufügen und erneut mixen. Bei Zimmertemperatur mindestens 2 Stunden stehen lassen.

PRALINEN Die Ganache in einen Spritzbeutel mit Tülle füllen. Mit einem kleinen Ausstechförmchen Brownie-Stücke in geeigneter Größe ausstechen. Ganache auf die Stücke spritzen und mit Zuckerperlen dekorieren.

Engelbiskuits

REZEPT FÜR 15–20 STÜCK

BÖDEN

300 g Marzipan-Rohmasse

1 Eiweiß

ORANGEN-SCHOKOLADEN-CREME

50 g dunkle Schokolade (mind. 70% Kakaoanteil)

125 g zimmerwarme Butter

90 g Puderzucker

1/2 TL echtes Vanillepulver

1 Eigelb

abgeriebene Schale einer unbehandelten Orange

TOPPING

100 g dunkle Schokolade (mind. 70% Kakaoanteil)

Den Ofen auf 175° C vorheizen. Die Marzipan-Rohmasse grob reiben und in eine Schüssel geben. Mit dem Eiweiß zu einer dicken, glatten Masse rühren. In einen Spritzbeutel füllen und runde Böden auf ein Blech mit Backpapier spritzen oder die Masse mit einem Löffel daraufklecksen. Auf der mittleren Schiene 12–15 Minuten backen, bis die Böden goldbraun sind. Eine Weile auf dem Blech abkühlen lassen. Dann die Böden vom Blech lösen und zum Erkalten mit der glatten Seite nach oben auf ein Gitter legen.

ORANGEN-SCHOKOLADEN-CREME Die Schokolade schmelzen und etwas abkühlen lassen. Butter, Puderzucker, Vanillepulver, Eigelb und abgeriebene Orangenschale mit einem Rührgerät weiß und locker schlagen. Schokolade unterheben. Die Creme auf die abgekühlten Biskuitböden streichen, sodass sie einen kleinen Berg bildet. 30 Minuten in den Kühlschrank oder Gefrierschrank stellen.

TOPPING Schokolade hacken und schmelzen. Die Biskuits kurz in die Schokolade tauchen und zum Trocknen beiseite stellen.

DOPPELTE SCHOKOLADENKEKSE MIT TOFFEE

REZEPT FÜR 18 STÜCK

FÜLLUNG

1 Dose Kondensmilch (340 ml)

KEKSE

85 g Zucker
70 g Farinzucker
210 g Weizenmehl
70 g Kakaopulver
1 TL Backpulver
1/2 TL Chilipulver
200 g zimmerwarme Butter
1 Ei
1/2 TL echtes Vanillepulver

FÜLLUNG Die Dose ungeöffnet in einen Topf legen. Mit Wasser bedecken und ca. 3 Stunden kochen lassen. Wasser immer wieder nachfüllen, damit die Dose nicht explodiert.

KEKSE Zucker, Farinzucker, Mehl, Kakao, Backpulver und Chilipulver mischen. Die Butter nach und nach hinzufügen, bis sie richtig eingearbeitet ist. Ei und Vanillepulver hinzufügen und zu einem Teig verarbeiten. Den Teig in Frischhaltefolie wickeln und mindestens 1 Stunde in den Kühlschrank legen. Dann wieder herausnehmen und bei Zimmertemperatur 10 Minuten ruhen lassen. Den Ofen auf 175° C vorheizen. Den Teig in zwei Stücke teilen. Beide Stücke zu je einer Platte ausrollen, die ein paar Millimeter dick ist. Mithilfe eines Ausstechers Plätzchen ausstechen und auf ein mit Backpapier belegtes Backblech legen. 12–15 Minuten backen, dann abkühlen lassen.

ZUSAMMENSETZEN Die Dose Kondensmilch öffnen und das Toffee auf der glatten Seite der Hälfte der Kekse verteilen. Mit dem Rest der Kekse zusammenlegen und andrücken, sodass die Füllung über den ganzen Keks verteilt wird.

Schokoladenschnecken

REZEPT FÜR CA. 20 STÜCK

TEIG

50 g Hefe

200 ml Milch

200 g zimmerwarme Butter

40 g Zucker

1 Ei

1/4 TL Salz

500 g Mehl

FÜLLUNG

50 g zimmerwarme Butter

1 Eigelb

2 TL Vanillezucker

60 g Puderzucker

1 1/2 EL Kakaopulver

ZUM BESTREICHEN

1 Ei

Hagelzucker

Die Hefe in eine Schüssel bröckeln. Die Milch darübergießen und rühren, bis sich die Hefe aufgelöst hat. Butter und Zucker in einer großen Schüssel mit dem Rührgerät glatt rühren. Ei, Hefemilch, Salz und Mehl hinzufügen. Schnell zu einem Teig verarbeiten. Mit einem Tuch bedeckt ca. 1 Stunde gehen lassen. Alle Zutaten für die Füllung vermischen und glatt rühren. Den Teig herausnehmen und ein wenig kneten. Dann zu einem Rechteck ausrollen. Die Füllung daraufstreichen und zu einer Rolle zusammenrollen. Papierförmchen auf zwei Muffinblechen oder Backblechen verteilen. Die Rolle in ca. 20 Stücke schneiden und mit der Schnittfläche nach oben in die Förmchen legen. 1 Stunde gehen lassen und währenddessen den Ofen auf 250° C vorheizen. Die Schnecken mit verquirltem Ei bestreichen und mit Hagelzucker bestreuen. Ca. 8 Minuten backen.

SCHOKOLADENKEKSE MIT MANDELN

REZEPT FÜR CA. 45 STÜCK

100 g Mandeln
200 g zimmerwarme Butter
125 g Puderzucker
1 kleines Ei
knapp 1/2 TL Salz
200 g Weizenmehl
2 EL Kakaopulver

Die Mandeln fein mahlen. Mandeln, Butter, Puderzucker, Ei und Salz mit einem Rührgerät verrühren. Mehl und Kakao hineinsieben und schnell zu einem glatten Teig legen. Den Ofen auf 200° C vorheizen. Den Teig zu einer ½ cm dicken Platte ausrollen. Mit einem Ausstecher Plätzchen ausstechen und auf mit Backpapier ausgelegte Bleche legen. 10 Minuten backen und auf den Blechen abkühlen lassen.

SCHOKOLADENMACARONS MIT MOKKACREME

REZEPT FÜR CA. 20 STÜCK

TEIG

250 g Puderzucker
100 g Mandelmehl
2 EL Kakaopulver
3 Eier
eine Prise Salz
40 g Zucker
rote Lebensmittelfarbe

MOKKACREME

100 g zimmerwarme Butter
90 g Puderzucker
2 TL Kakaopulver
1 TL Vanillezucker
2 TL lösliches Kaffeepulver

DEKORATION

Kakaopulver

TEIG Puderzucker, Mandelmehl und Kakao vermischen und beiseite stellen. Eier trennen und das Eiweiß in eine Schüssel geben. Salz hinzufügen und mit einem Rührgerät steif schlagen. Bei mittlerer Geschwindigkeit weiter schlagen und den Zucker löffelweise hinzufügen. Die Mischung sollte dick, weiß und glänzend werden. Ein paar Tropfen Lebensmittelfarbe hinzufügen (für eine dunklere braune Farbe) und vermischen, sodass die Farbe gleichmäßig verteilt ist. Die Mandelmischung unter die Masse heben und glatt rühren. Zwei Bleche mit Backpapier belegen. Einen Spritzbeutel mit der Masse füllen und gleichgroße Kreise mit ca. 5 cm Durchmesser auf die Bleche spritzen. Die Unterseite der Bleche auf die Arbeitsplatte schlagen, um größere Luftblasen zu vermeiden. Die Kekse ca. 30 Minuten ruhen lassen. Den Ofen auf 150° C vorheizen. Die Kekse auf der mittleren Schiene ca. 10 Minuten backen. Auf den Blechen abkühlen lassen.

MOKKACREME Butter mit Puderzucker, Kakao und Vanillezucker zu einem hellen, lockeren Teig schlagen. Den löslichen Kaffee mit 2 TL Wasser anrühren und unterrühren. Die Mokkacreme auf die Hälfte der Macarons streichen und mit der anderen Hälfte belegen. Mit Kakao bestäuben. Im Kühlschrank aufbewahren.

SCHOKOLADEN-TOFFEEMOUSSE-TÖRTCHEN

REZEPT FÜR 6 STÜCK

TOFFEE

100 ml heller Sirup, siehe dazu Seite 160
85 g Zucker
100 g Sahne

BROWNIE-BODEN

100 g Butter
200 g Zucker
2 Eier
150 g Weizenmehl
2 EL Kakaopulver
1 EL Zimt
1 TL Vanillezucker
Fett und Semmelbrösel für die Form

SCHOKOLADENMOUSSE

150 g Sahne
100 g Vollmilch-schokolade
2 Blatt Gelatine
1 Eigelb

TOFFEEMOUSSE

2 Blatt Gelatine
150 g Sahne
100 ml Toffee

TOPPING

6 Schokoladentrüffel
gezuckerte Blaubeeren

etwas starke Plastikfolie oder 6 Ausstechringe

Plastikfolie in sechs 7 x 20 cm große Streifen schneiden. Zu Zylindern zusammenrollen und mit Klebeband zusammenkleben. Die Zylinder auf ein Tablett stellen. Alternativ fertige Ausstechringe verwenden.

TOFFEE Die Zutaten in einem Topf mischen. Aufkochen und 10 Minuten köcheln lassen, gelegentlich umrühren. Abkühlen lassen und kalt stellen.

BROWNIE-BODEN Den Ofen auf 175° C vorheizen. Butter schmelzen, Zucker und Ei einrühren und gut vermischen. Die übrigen Zutaten unterrühren. Den Teig in eine gefettete und mit Semmelbröseln ausgestreute Springform mit ca. 20 cm Durchmesser geben. Auf der mittleren Schiene ca. 25 Minuten backen. Herausnehmen und abkühlen lassen. Mit den Zylinderformen sechs Böden ausstechen, diese in den Zylindern lassen.

SCHOKOLADENMOUSSE Sahne steif schlagen. Schokolade in Stücke brechen und im Wasserbad oder der Mikrowelle schmelzen, sodass sie nur weich wird. Rühren, bis sie ganz geschmolzen ist. Währenddessen Gelatine 5 Minuten in Wasser einweichen, dann ausdrücken und im Topf schmelzen. Eigelb in einer Schüssel cremig schlagen. Schokolade unter kräftigem Rühren hinzufügen. Nach und nach Sahne und die Gelatine unterheben, bis eine gleichmäßige Mousse entsteht. Auf die Formen verteilen und kalt stellen.

TOFFEEMOUSSE Gelatine 5 Minuten in einer Schüssel mit kaltem Wasser einweichen. Sahne schlagen, dann das Toffee mit der Sahne mixen. Gelatineblätter herausnehmen, ausdrücken und vorsichtig in der Mikrowelle oder einem Topf schmelzen. Unter die Toffeesahne rühren.

ZUSAMMENSETZEN Toffeemousse auf die Formen verteilen und in das Gefrierfach stellen. Eine halbe Stunde vor dem Servieren herausnehmen, Klebeband aufschneiden, die Plastikfolie abziehen und das Törtchen mit gezuckerten Blaubeeren und einem Trüffel in der Mitte dekorieren.

Toffee-Cheesecake

BODEN

200 g Vollkornkekse

50 g zimmerwarme Butter

FÜLLUNG

4 Blatt Gelatine

400 g Crème fraîche

100 g heller Muscovadozucker

50 g dunkler

Muscovadozucker

eine Prise Meersalz

1 TL Vanillezucker

400 g Frischkäse

TOFFEETOPPING

200 g Sahne

200 ml heller Sirup, siehe dazu Seite 160

175 g Zucker

2 TL Vanillezucker

100 g Butter

DEKORATION

2 Doppelpackungen Daim-Riegel

TAG 1

BODEN Ein Stück Backpapier zu einem Kreis mit 24 cm Durchmesser zuschneiden. Das Papier auf den Boden einer Springform mit dem gleichen Durchmesser legen. Die Vollkornkekse zerkrümeln und mit der Butter zu einer gleichmäßigen Masse mixen. Die Masse in den Boden der Form drücken. Kalt stellen.

FÜLLUNG Gelatine 5 Minuten in kaltem Wasser einweichen. Crème fraîche zusammen mit hellem und dunklem Muscovadozucker und Meersalz in einen Topf geben. Unter ständigem Rühren vorsichtig erhitzen, bis sich der Zucker gelöst hat. Zu einer glatten Masse schlagen. Die Gelatine aus dem Wasser nehmen. Ausdrücken und vorsichtig in der Mikrowelle oder einem Topf schmelzen. Gelatine und Vanillezucker in die Masse einrühren und abkühlen lassen. Mit dem Frischkäse vermischen und die Mischung auf den Vollkornboden geben. Mit Frischhaltefolie bedecken und über Nacht kalt stellen.

TAG 2

TOFFEETOPPING Sahne, Sirup und Zucker in einem Topf aufkochen und 10–15 Minuten bis zu einer Temperatur von 120° C sieden lassen. Vom Herd nehmen und nach und nach Vanillezucker und Butter einrühren. Die Toffeemasse abkühlen, aber nicht ganz erstarren lassen.

DEKORATION Den Rand des Kuchens von der Form lösen, indem man vorsichtig mit einem Messer daran entlang fährt. Anschließend die Form entfernen und den Kuchen auf eine Kuchenplatte legen. Das Daim grob hacken und wie einen Kranz um den ganzen Rand streuen. In der Mitte mit Toffee bedecken.

Sündennest

SCHOKOLADENBODEN

200 g zimmerwarme Butter

200 g Rohrohrzucker

100 ml dunkler Sirup, siehe dazu Seite 160

4 Eier

300 g Weizenmehl

60 g Kakaopulver

1 TL Backpulver

1½ TL Natron

2 TL Vanillezucker

1 TL Salz

300 ml aufgebrühter Kaffee

200 g Blockschokolad

Fett und Semmelbrösel für die Form

FÜLLUNG

250 g dunkle Schokolade (mind. 70% Kakaoanteil)

300 g Sahne

2 TL Butter

SCHOKOGLASUR

300 g Sahne (30 % Fett)

1 EL Zucker

1 EL Honig

200 g dunkle Schokolade (mind. 70% Kakaoanteil)

200 g Butter

DEKORATION

frische Blumen

SCHOKOLADENBODEN Zwei runde Formen mit ca. 20 cm Durchmesser einfetten und mit Semmelbröseln ausstreuen. Den Ofen auf 220° C vorheizen. Butter, Zucker und Sirup schaumig schlagen. Eier nacheinander hinzufügen und zu einer lockeren Masse schlagen. Mehl, Kakao, Backpulver, Natron, Vanillezucker und Salz in einer Schüssel mischen. Die Mischung abwechselnd mit dem Kaffee in die Butter-Zucker-Mischung rühren. Schokolade fein hacken, hinzufügen und zu einem glatten Teig rühren. Den Teig auf die Formen verteilen. Ca. 30 Minuten auf der mittleren Schiene im Ofen backen. Die Böden mit Alufolie bedecken, falls sie zu dunkel werden. Ganz abkühlen lassen.

FÜLLUNG Schokolade hacken. Sahne erhitzen, aber nicht kochen lassen. Den Topf von der Platte nehmen und die Schokolade in die warme Sahne rühren, bis sie geschmolzen ist. Butter einrühren. 1 Stunde kalt stellen. Dann mit einem Rührgerät zu einer dicken Creme schlagen.

SCHOKOGLASUR Sahne, Zucker und Honig aufkochen. Schokolade hacken und in eine Schüssel geben. Die Flüssigkeit über die Schokolade gießen und alles mit einem Handmixer gut verrühren. Butter untermixen. Die Glasur ein paar Stunden im Kühlschrank stehen lassen, sodass sie zähflüssiger wird.

ZUSAMMENSETZEN Die Böden in je ein Ober- und ein Unterteil teilen. Je drei Böden mit Füllung bestreichen und aufeinander legen. Eine gleichmäßige Schicht Schokoglasur auf den obersten Boden und die Ränder streichen. Zum Schluss einen Ring aus Röschen um den ganzen Kuchen spritzen. Vor dem Servieren 1 Stunde kalt stellen. Mit frischen Blumen dekorieren.

Die Blumen auf dem Bild sind nicht essbar, sondern dienen nur zur Dekoration.

KIRSCHMUFFINS

VANILLETRÜFFEL

REZEPT FÜR 24 STÜCK

100 g dunkle Schokolade (mind. 60% Kakaoanteil)

2 Eier

175 g Zucker

75 g zimmerwarme Butter

250 g Weizenmehl

2 EL Kakaopulver

1/2 TL Natron

1/2 TL Backpulver

1/2 TL Salz

225 ml Milch

200 g Kirschkonfitüre

TOPPING

200 g Sahne

frische Kirschen

24 Papierförmchen

KIRSCHMUFFINS

Den Ofen auf 200° C vorheizen. Schokolade hacken. Eier und Zucker schaumig schlagen. Butter unter die Eier-Zucker-Masse schlagen. Mehl, Kakao, Natron, Backpulver, Salz und Schokolade in einer Schüssel mischen und abwechselnd mit der Milch unter die Eiermasse heben. Muffin-Papierförmchen in ein Muffinblech stellen. Je einen Löffel Teig und dann einen Löffel Konfitüre in jedes Förmchen geben. Mit einem Löffel Teig abschließen, sodass die Konfitüre ganz bedeckt ist und die Formen zu drei Vierteln gefüllt sind. 15–20 Minuten backen. Herausnehmen und abkühlen lassen.

VOR DEM SERVIEREN Die Sahne schlagen und auf die Muffins spritzen. Mit frischen Kirschen dekorieren.

REZEPT FÜR CA. 20 STÜCK

200 g weiße Schokolade

100 g Sahne

1 EL Honig

1/2 TL echtes Vanillepulver

DEKORATION

Puderzucker

VANILLETRÜFFEL

Die Schokolade hacken und in eine Schüssel geben. Sahne, Honig und Vanillepulver aufkochen und über die Schokolade gießen. Rühren, bis die Schokolade geschmolzen ist und zum Festwerden kalt stellen. Die Trüffelmasse zu Kugeln rollen und in Puderzucker wälzen. Gekühlt aufbewahren.

REZEPT FÜR CA. 20 STÜCK

200 g dunkle Schokolade (mind. 70% Kakaoanteil)

100 g Sahne

1 EL Honig

2 Tropfen Pfefferminzöl, siehe dazu Seite 160

DEKORATION

25 g dunkle Schokolade (mind. 70% Kakaoanteil)

Kakaopulver

MINZ-SCHOKOLADEN-TRÜFFEL

Die Schokolade hacken und in eine Schüssel geben. Sahne, Honig und Pfefferminzöl aufkochen und über die Schokolade gießen. Rühren, bis die Schokolade geschmolzen ist und zum Festwerden kalt stellen. Die Schokolade für die Dekoration grob reiben. Die Trüffelmasse zu Kugeln rollen und die Hälfte in der geriebenen Schokolade, die andere in Kakao wälzen. Gekühlt aufbewahren.

MINZ-SCHOKOLADEN-TRÜFFEL

SCHOKOLADEN-CHEESECAKE

PREISELBEER-MUSCOVADO-KUCHEN

Schokoladen-Cheesecake

BODEN

200 g Vollkornkekse

50 g zimmerwarme Butter

FÜLLUNG

150 g Mandeln

3 Blatt Gelatine

200 g dunkle Schokolade (mind. 70% Kakaoanteil)

400 g Frischkäse

85 g Zucker

2 EL Amaretto oder frisch gepresster Orangensaft

400 g Sahne

DEKORATION

Schokolade

BODEN Ein Stück Backpapier mit 20 cm Durchmesser zuschneiden und auf den Boden einer kleinen Springform mit dem gleichen Durchmesser legen. Die Vollkornkekse zerkrümeln und mit der Butter zu einer gleichmäßigen Masse mixen. Die Masse in den Boden der Form drücken. Kalt stellen.

FÜLLUNG Die Mandeln in einer Pfanne ohne Fett ca. 7 Minuten rösten. Abkühlen lassen und fein hacken. Die Gelatine 5 Minuten in kaltem Wasser einweichen. Die Schokolade in der Mikrowelle oder im Wasserbad schmelzen. Eine Weile abkühlen lassen. Den Frischkäse mit dem Zucker in eine Schüssel geben und die Schokolade hineingießen, dabei am besten mit einem Rührgerät mixen. Die Gelatine mit dem Amaretto oder dem Orangensaft vorsichtig in einem Topf schmelzen und in die Masse einrühren. Die Sahne schlagen und unterrühren. Die Füllung in der Form verteilen und mindestens 4 Stunden kalt stellen. Man kann die Torte auch gut einfrieren, in diesem Fall eine halbe Stunde vor dem Servieren herausnehmen. Etwas Schokolade reiben und den Kuchen vor dem Servieren damit dekorieren.

PREISELBEER-MUSCOVADO-KUCHEN

450 G WEIZENMEHL

2 TL Backpulver

1 TL Natron

125 g dunkle Block-schokolade

400 g dunkler Muscovadozucker

125 g zimmerwarme Butter und etwas für die Form

4 Eier

250 ml Naturjoghurt (3,5 % Fett)

175 g tiefgefrorene Preiselbeeren

Semmelbrösel für die Form

SCHOKOGLASUR

100 g dunkle Schokolade (mind. 70% Kakaoanteil)

30 g Butter

50 g Honig

1 TL Vanillezucker

Eine Form, die mindestens 2 Liter fasst, einfetten und mit Semmelbröseln ausstreuen. Den Ofen auf 175° C vorheizen. Mehl, Backpulver und Natron in einer Schüssel mischen. Die Schokolade schmelzen und abkühlen lassen. Den Muscovadozucker mixen, falls er klumpig ist, und mit der Butter verühren. Die Eier nacheinander hinzufügen. Die geschmolzene Schokolade abwechselnd mit dem Joghurt einrühren. Vorsichtig die Mehlmischung einrühren und zu einem glatten Teig verrühren. Zum Schluss die gefrorenen Preiselbeeren unterheben und den Teig in die Form gießen. Den Kuchen ca. 1 Stunde backen; mit der Stäbchenprobe kontrollieren, ob er fertig ist. Eine Weile in der Form ruhen lassen, bevor gestürzt wird.

SCHOKOGLASUR Die Schokolade hacken. Butter, Honig und Schokolade in einem Topf schmelzen. Vanillezucker hinzufügen und zu einer glatten Masse rühren. Die Glasur über dem Kuchen verteilen und erstarren lassen.

SCHOKOLADENWHOOPIES MIT MINZGANACHE

REZEPT FÜR 20 STÜCK

Minzganache

100 g dunkle Schokolade (mind. 70% Kakaoanteil)

100 g Sahne

1 EL Honig

2 Tropfen Pfefferminzöl, siehe dazu Seite 160

1 EL Butter

SCHOKOLADENWHOOPIES

50 g zimmerwarme Butter

50 ml Sonnenblumenöl

100 g Zucker

1 zimmerwarmes Ei

175 g Weizenmehl

2 TL Backpulver

1 1/2 EL Kakaopulver

1/2 TL echtes Vanillepulver

1/2 TL Salz

50 ml Milch

DEKORATION

Silberkügelchen

TAG 1

MINZGANACHE Die Schokolade hacken und in eine Schüssel geben. Sahne, Honig und Pfefferminzöl unter Rühren aufkochen. Die Mischung über die Schokolade gießen, die Butter hinzufügen und mit einem Stabmixer vermischen. Bei Zimmertemperatur bis zum nächsten Tag fest werden lassen.

TAG 2

SCHOKOLADENWHOOPIES Den Ofen auf 175° C vorheizen. Butter, Sonnenblumenöl und Zucker miteinander verrühren. Das Ei hinzufügen und zu einer lockeren Masse schlagen. Die trockenen Zutaten in einer Schüssel mischen und mit der Masse verrühren. Die Milch hinzufügen und alles schnell zu einem Teig rühren – nur soviel rühren, bis alles gerade vermischt ist. Auf ein mit Backpapier belegtes Blech Kreise spritzen oder klecksen, die etwas größer als ein 2-Euro-Stück sind (aber nicht zu nah aneinander). Auf der unteren Schiene ca. 12 Minuten backen. Abkühlen lassen.

ZUSAMMENSETZEN Minzganache auf die flache Seite der Hälfte der Kekse spritzen oder streichen. Mit den restlichen Keksen zusammenlegen und die Ränder mit Silberkügelchen dekorieren.

TOFFEE-LOLLIES

REZEPT FÜR 16 STÜCK

200 ml heller Sirup, siehe dazu Seite 160

200 g Sahne

175 g Zucker

2 EL Butter und evtl. etwas für die Form

DEKORATION

Zuckerstreusel

16 Lutscherstiele

Eine ca. 15 x 20 cm große Form einfetten oder mit Backpapier auslegen. Sirup, Sahne und Zucker in einem Topf mit dickem Boden vermischen. Bei mittlerer Hitze unter Rühren aufkochen. Kochen lassen, bis das Toffee eine Temperatur von 125° C hat, das dauert ca. 30 Minuten. Den Topf von der Platte nehmen und löffelweise die Butter hineingeben, dabei rühren. Das Toffee in die Form gießen. Wenn es abgekühlt, aber noch nicht ganz fest geworden ist, von der Schmalseite aus in acht ca. 2 cm breite Streifen schneiden. Jeden Streifen in zwei Streifen teilen, zu Schnecken zusammenrollen und jeweils in die Mitte einen Stiel drücken. Die Außenseiten mit etwas Wasser bestreichen und in Zuckerstreuseln wälzen. Fest werden lassen.

KEKSE MIT GRÜNEM TEE UND WEISSER SCHOKOLADE

REZEPT FÜR CA. 30 STÜCK

100 g weiße Schokolade

150 g zimmerwarme Butter

100 g Zucker

2 Eigelb

240 g Weizenmehl

1 EL Grünteepulver, siehe dazu Seite 160

Die Schokolade hacken. Butter und Zucker schaumig schlagen. Die Eigelbe nacheinander hinzufügen. Mehl und Grünteepulver hineinsieben und zusammen mit der gehackten Schokolade vermischen. Den Teig zu einer Rolle rollen, die Rolle viereckig formen. Mindestens 1 Stunde kalt stellen. Den Ofen auf 150° C vorheizen. Den Teig in 5 mm dicke Stücke schneiden und auf Bleche mit Backpapier legen. Ca. 25 Minuten backen. Auf einem Gitter abkühlen lassen.

KEKSE MIT GRÜNEM TEE UND WEISSER SCHOKOLADE, NUGAT-DOPPELKEKSE UND SCHOKOLADENKEKSE MIT WEISSER SCHOKOLADE

KARDAMOM-DONUTS MIT SCHOKOLADENGLASUR

Schokolade

NUGAT-DOPPELKEKSE

REZEPT FÜR CA. 25 STÜCK

250 g Weizenmehl

60 g Zucker

1 Eigelb

140 g zimmerwarme Butter

1 EL Vanillezucker

1 1/2 EL Kakaopulver

FÜLLUNG

100 g Nuss-Nugat-Creme

Alle Zutaten für die Plätzchen außer dem Kakao rasch zu einer krümeligen Masse verarbeiten. Die Masse auf zwei Schüsseln verteilen und den Kakao in die eine Hälfte mit einkneten, evtl. 1 TL Wasser hinzufügen. Auch die helle Masse zu einem Teig verarbeiten. Die Teighälften mindestens 30 Minuten in den Kühlschrank legen. Den Ofen auf 200° C vorheizen. Beide Teige ½ cm dick ausrollen. Mit einer Ausstechform runde Kekse ausstechen. Mit einer kleineren Form ein Loch in die Mitte der hellen Kekse stechen. Die Kekse auf ein Blech mit Backpapier legen und ca. 8 Minuten backen. Abkühlen lassen. Die Nuss-Nugat-Creme leicht erwärmen und in einen Spritzbeutel füllen. Einen Klecks mitten auf die Schokoladenkekse spritzen, dann die Vanillekekse darauflegen und vorsichtig zusammendrücken.

SCHOKOLADENKEKSE MIT WEISSER SCHOKOLADE

REZEPT FÜR CA. 30 STÜCK

100 g dunkle Blockschokolade

60 g Butter

135 g Muscovadozucker

100 g Weizenmehl

2 EL Kakaopulver

1/2 TL Backpulver

1 TL Vanillezucker

1 großes Ei

150-200 g weiße Schokolade

Die dunkle Schokolade hacken. Butter und Schokolade in einen kleinen Topf geben und bei schwacher Hitze unter Rühren erwärmen, bis die Schokolade geschmolzen ist. Zur Seite stellen. Muscovadozucker, Mehl, Kakao, Backpulver und Vanillezucker in einer Schüssel mischen. Das Ei und die Schokoladenbutter hinzufügen und rasch zu einem geschmeidigen Teig verarbeiten. Den Teig zu einer Rolle formen und 2 Stunden in den Kühlschrank legen. Den Ofen auf 180° C vorheizen. Die Teigrolle in 5 mm dicke Scheiben schneiden. Auf ein Blech mit Backpapier legen und 8–10 Minuten backen. Auf dem Blech abkühlen lassen. Die weiße Schokolade schmelzen und die kalten Kekse zur Hälfte hineintauchen. Zum Erstarren auf Backpapier legen.

REZEPT FÜR CA. 15 STÜCK

KARDAMOM-DONUTS

100 g Butter

250 ml Milch

25 g Hefe

85 g Zucker

2 TL frisch zerstoßener Kardamom

1/2 TL Salz

1 Ei

450–475 g Weizenmehl und etwas für die Arbeitsfläche

1 l Rapsöl zum Frittieren

SCHOKOGLASUR

110 g dunkle Blockschokolade

30 g Butter

1 TL Vanillezucker

50 ml Honig

DEKORATION

Zuckerstreusel

KARDAMOM-DONUTS MIT SCHOKOGLASUR

KARDAMOM-DONUTS Die Butter schmelzen und zusammen mit der Milch auf 37° C erhitzen. Die Hefe hineinbröckeln und in der Mischung auflösen. Zucker, Kardamom, Salz, Ei und Mehl einrühren und zu einem gleichmäßigen klebrigen Teig verarbeiten. Ca. 30 Minuten abgedeckt gehen lassen. Den Teig auf eine bemehlte Arbeitsfläche stürzen und zu einer ca. 1 cm dicken Platte ausrollen. Mithilfe von Ausstechformen oder Gläsern Kreise ausstechen und in die Mitte jedes Kreises ein kleineres Loch ausstechen. Zu doppelter Größe gehen lassen. Das Frittieröl auf 170° C erhitzen. Jeweils ein paar Donuts gleichzeitig hineinlegen und ca. 1 Minute pro Seite goldbraun frittieren. Die Donuts herausnehmen, am besten mit einem Schaumlöffel, und auf Küchenpapier abtropfen und abkühlen lassen.

SCHOKOGLASUR Die Schokolade hacken. Die Butter schmelzen und Vanillezucker und Honig hinzufügen. Die Schokolade hinzufügen und rühren, bis sie geschmolzen ist. Die Glasur über die abgekühlten Donuts gießen und mit Zuckerstreuseln bestreuen.

SCHOKOLADENKEKSE MIT VANILLEFÜLLUNG

REZEPT FÜR CA. 20 STÜCK

KEKSE

200 g dunkle Schokolade (mind. 70% Kakaoanteil)

225 g zimmerwarme Butter

125 g Zucker

1 TL echtes Vanillepulver

1 großes Ei

210 g Weizenmehl

60 g Kakaopulver

1 TL Salz

½ TL Backpulver

FÜLLUNG

115 g zimmerwarme Butter

240 g Puderzucker

½ TL echtes Vanillepulver

1 EL Milch

eine Prise Salz

KEKSE Die Schokolade schmelzen. Butter und Zucker schaumig schlagen. Vanillepulver und geschmolzene Schokolade hinzufügen. Das Ei einrühren und weiter zu einer gleichmäßigen Masse schlagen. Mehl, Kakao, Salz und Backpulver in einer separaten Schüssel mischen. Die Mehlmischung in die Schokoladenmasse einrühren und zu einem glatten Teig verarbeiten. Den Teig bei Zimmertemperatur ca. 1 Stunde ruhen lassen. Den Ofen auf 175° C vorheizen. Den Teig zu einer ca. 3 cm dicken Rolle formen. Die Rolle in ½ cm dicke Scheiben schneiden und auf ein Blech mit Backpapier legen. 15–20 Minuten backen. Vorsichtig auf die Mitte der Kekse drücken, um zu kontrollieren, ob sie fertig sind; sie sollen sich fest anfühlen. Auf dem Blech abkühlen lassen.

FÜLLUNG Die Butter schaumig schlagen. Puderzucker und Vanillepulver hinzufügen und zu einer glatten Masse rühren. Milch und Salz hinzufügen und glatt rühren.

ZUSAMMENSETZEN Je ca. 1 EL Füllung mitten auf die flache Seite der Hälfte der Kekse spritzen oder löffeln. Mit den restlichen Keksen zusammenlegen und andrücken, sodass sich die Füllung auf dem ganzen Keks verteilt.

SCHOKOLADEN-CAKEPOPS MIT MINZE

REZEPT FÜR CA. 25 STÜCK

KUCHEN

2 Eier

85 g Zucker

1 TL Backpulver

2 TL Vanillezucker

125 g Weizenmehl

3 EL Kakaopulver

200 g Vanillejoghurt

FÜLLUNG

150 g Frischkäse

2–4 Tropfen Pfefferminzöl, siehe dazu Seite 160

Kuchen

DEKORATION

200 g dunkle Schokolade (mind. 70% Kakaoanteil)

100 g weiße Schokolade

goldene Zuckerstreusel

ca. 25 Lutscherstiele

KUCHEN Den Ofen auf 200° C vorheizen. Eine 20 x 30 cm große ofenfeste Form mit Backpapier auskleiden. Eier und Zucker schaumig schlagen. Backpulver, Vanillezucker, Mehl und Kakao untermischen. Vanillejoghurt hinzufügen und zu einem glatten Teig mischen. Den Teig in die Form füllen und den Kuchen ca. 30 Minuten auf der unteren Schiene backen. Abkühlen lassen.

FÜLLUNG Den Frischkäse mit Pfefferminzöl vermischen. Den Kuchen in eine Schüssel bröckeln und mit der Frischkäsemischung vermischen. Zu einem gleichmäßigen Teig vermengen und in eine ca. 15 x 15 cm große Form drücken oder mit der Hand zu einem Viereck formen. Die Kuchenmasse in kleine, ca. 2 x 2 cm große Vierecke schneiden.

DEKORATION Die Schokoladen einzeln schmelzen und zuerst den oberen Teil des Stieles in die dunkle Schokolade tauchen. Danach ein Kuchenviereck daraufstecken und in die dunkle Schokolade tauchen, sodass es ganz bedeckt wird. Den Stiel zum Erstarren mit dem Kuchen nach oben in ein beschwertes Glas stellen. Die Prozedur wiederholen, bis der Kuchen verbraucht ist. Den oberen Teil der Cakepops in weiße Schokolade tauchen und mit Goldstreuseln bestreuen. Abkühlen lassen und kühl aufbewahren.

Toffee-Cupcakes

REZEPT FÜR CA. 12 STÜCK

TOFFEESAUCE

200 g Sahne

175 g Zucker

200 ml heller Sirup, siehe dazu Seite 160

3 TL Vanillezucker

MUFFINS

3 Eier

175 g heller Muscovadozucker

100 g zimmerwarme Butter

175 g Weizenmehl

2 TL Backpulver

100 g Sahne

100 ml der Toffeesauce

TOFFEEFROSTING

20 g zimmerwarme Butter

50 g zimmerwarmer Frischkäse

100 ml der Toffeesauce

175 g Puderzucker

ca. 20 Papierförmchen

TOFFEESAUCE Sahne, Zucker und Sirup in einem Topf mischen. Aufkochen und ca. 10 Minuten köcheln lassen. Vanillezucker einrühren. Abkühlen lassen.

MUFFINS Den Ofen auf 175° C vorheizen. Eier und Zucker schaumig schlagen. Butter einrühren. Weizenmehl und Backpulver vermischen. Sahne und Toffeesauce vermischen. Die Mehlmischung abwechselnd mit der Toffeemasse in die Eiermasse einrühren und vorsichtig zu einem glatten Teig mischen. Muffin-Papierförmchen in ein Muffinblech stellen, mit Teig füllen und auf der mittleren Schiene ca. 20 Minuten backen. Mit der Stäbchenprobe kontrollieren, ob sie fertig sind.

TOFFEEFROSTING Butter und Frischkäse in einer Schüssel zu einer luftigen Masse mischen. Toffeesauce hinzufügen. Den Puderzucker in drei Portionen aufgeteilt einrühren und glatt rühren. Das Frosting 30–40 Minuten in den Kühlschrank stellen, sodass es etwas fester wird.

ZUSAMMENSETZEN Das Toffeefrosting in einen Spritzbeutel mit runder Tülle oder einen Plastikbeutel, von dem eine kleine Ecke abgeschnitten wird, füllen. Runde Tupfen um den ganzen Rand der Muffinoberfläche spritzen. Mit der Rückseite eines kleinen Löffels den inneren Teil jedes Tupfens zur Mitte hin streichen. Innen versetzt eine weitere Reihe Tupfen setzen. Zum Schluss die Mitte mit etwas Toffee füllen.

Weißes

Vanillemuffins mit Baisertopping

REZEPT FÜR CA. 12 STÜCK

VANILLEMUFFINS

2 Eier

125 g Zucker

50 g zimmerwarme Butter

50 ml Sonnenblumenöl

210 g Weizenmehl

1 $^1/_2$ TL Backpulver

1 TL Vanillezucker

$^1/_2$ TL Salz

100 g Vanillejoghurt

BAISER

125 g Zucker

3 Eiweiß

1 TL frisch gepresster Zitronensaft

12 Papierförmchen

VANILLEMUFFINS Den Ofen auf 200° C vorheizen. Eier und Zucker weiß und schaumig schlagen. Butter und Öl hinzufügen. Die trockenen Zutaten in einer Schüssel mischen. Die Mischung abwechselnd mit dem Joghurt vorsichtig unter die Masse heben, bis alles vermischt ist. Den Teig in Muffinförmchen verteilen und auf der mittleren Schiene ca. 12 Minuten backen. Abkühlen lassen.

BAISER Zucker mit 75 ml Wasser in einem Topf aufkochen. Solange kochen lassen, bis die Temperatur 122° C beträgt (Digitalthermometer verwenden). Währenddessen Eiweiß und Zitronensaft mit einem Rührgerät zu einem festen Schaum schlagen. Das heiße Zuckerwasser hinzufügen, dabei weiter schlagen. Ca. 10 Minuten schlagen, bis die Muffins abgekühlt sind. Die Masse auf die Muffins spritzen und rundherum mit einem Gasbrenner abflammen. Alternativ gut 1 Minute in den auf Grillfunktion gestellten Ofen geben, bis das Baiser Farbe bekommen hat.

Vanillebrötchen

REZEPT FÜR CA. 20 STÜCK

VANILLECREME

300 g Sahne

1 Ei

3 EL Zucker

2 EL Vanillezucker

2 EL Maisstärke

BRÖTCHEN

100 g Butter

300 ml Milch

50 g Hefe

$^{1}/_{2}$ TL Salz

85 g Zucker

2 TL Vanillezucker

550 g Weizenmehl

BESTREICHEN

1 Ei

DEKORATION

Puderzucker

VANILLECREME Alle Zutaten in einem Topf mischen. Unter Rühren aufkochen, bis die Creme eindickt. Abkühlen lassen.

BRÖTCHEN Die Butter schmelzen und die Milch hinzufügen. Auf 37° C erwärmen. Die Hefe in eine Schüssel bröckeln und etwas von der Butter-Milch-Mischung darübergießen. Den Rest hinzufügen, wenn die Hefe sich aufgelöst hat. Salz, Zucker, Vanillezucker und etwas Mehl hinzufügen und verrühren. Den Rest des Mehls hinzufügen und zu einem geschmeidigen Teig verarbeiten. Ca. 30 Minuten abgedeckt gehen lassen. Den Teig auf ein Backbrett legen und in zwei Teile teilen. Die Teigstücke zu Rollen formen und jede Rolle in 10 Stücke teilen. Die Stücke zu runden Brötchen formen und auf Bleche mit Backpapier legen. 20 Minuten gehen lassen. Den Ofen auf 250° C vorheizen. In jedes Brötchen eine Mulde drücken und mit Vanillecreme füllen, oben etwas zudrücken und weitere 10 Minuten gehen lassen. Die Brötchen mit verquirltem Ei bestreichen und 8 Minuten backen. Abkühlen lassen. Mit Puderzucker bestäuben.

Eiskekse

REZEPT FÜR CA. 12 STÜCK

KEKSE

100 g zimmerwarme Butter

85 g Zucker

1 Ei

175 g Weizenmehl

knapp $^1/_2$ TL Salz

$^1/_2$ TL Backpulver

1 TL Vanillezucker

50 g Mandelsplitter

1 l Eis nach Wahl in rechteckigen Pappschachteln

DEKORATION

perlmuttfarbenes oder weißes Lebensmittelfarbspray

Schablone

Rechteckige Keksausstecher mit Wellenrand

Butter und Zucker schaumig schlagen. Mit dem Ei verrühren. Den Rest der Zutaten vermischen und hinzufügen. Mit einem Rührgerät zu einem Teig verrühren. Für ca. 1 Stunde in den Kühlschrank stellen. Den Teig zu einer $^1/_2$ cm dicken Platte ausrollen. Mit einem Ausstecher Kekse ausstechen und auf ein Blech mit Backpapier legen. 15 Minuten kalt stellen, dann behalten sie beim Backen ihre Form. Auf der mittleren Schiene bei 175° C 8–10 Minuten backen. Auf dem Blech abkühlen lassen. Auf die Hälfte der Kekse mithilfe einer Schablone Muster aus Lebensmittelfarbspray sprühen.

ZUSAMMENSETZEN Das Eis in geeignet große Stücke schneiden, zwischen zwei Kekse legen und sofort servieren.

KOKOS-CAKEPOPS

REZEPT FÜR 25–30 STÜCK

KUCHEN

2 Eier

85 g Zucker

1 TL Backpulver

2 TL Vanillezucker

125 g Weizenmehl

35 g Kokosflocken

200 g Vanillejoghurt

FÜLLUNG

Kuchen

150 g Frischkäse

DEKORATION

150 g weiße Schokolade

75 g Kokosflocken

25–30 Lutscherstiele

KUCHEN Den Ofen auf 200° C vorheizen. Eine ca. 20 x 30 cm große ofenfeste Form mit Backpapier auskleiden. Eier und Zucker schaumig schlagen. Backpulver, Vanillezucker, Mehl und Kokosflocken untermischen. Vanillejoghurt hinzufügen und zu einem glatten Teig mischen. Den Teig in die Form füllen und auf der unteren Schiene des Ofens ca. 30 Minuten backen. Abkühlen lassen.

FÜLLUNG Den Kuchen in eine Schüssel bröckeln und mit Frischkäse vermischen. Zu einem gleichmäßigen Teig vermengen und zu Kugeln formen.

DEKORATION Die Schokolade schmelzen und zuerst den oberen Teil des Stieles in die Schokolade tauchen. Dann eine Kugel daraufstecken. Die Prozedur wiederholen, bis alle Kugeln verwendet sind. 15 Minuten kalt stellen. Die Kugeln rundherum mit Schokolade bestreichen, mit Kokosflocken bestreuen und auf Backpapier legen. Im Kühlschrank erstarren lassen.

Mamsells Vanille-Macarons

REZEPT FÜR 20 STÜCK

MACARONS

250 g Puderzucker

110 g gemahlene Mandeln

1 TL echtes Vanillepulver

3 Eier

eine Prise Salz

40 g Zucker

FÜLLUNG

100 g weiße Schokolade

100 g Frischkäse

$^{1}/_{2}$ TL echtes Vanillepulver

MACARONS Puderzucker, gemahlene Mandeln und Vanillepulver in einer Schüssel gut vermischen. Die Eier trennen und das Eiweiß in eine Schüssel geben. Salz hinzufügen und mit einem Rührgerät steif schlagen. Bei mittlerer Geschwindigkeit weiterschlagen und dabei den Zucker löffelweise hinzufügen. Die Mischung sollte dick, weiß und glänzend werden. Die Puderzuckermischung unter die Masse heben und vorsichtig glatt rühren. In einen Spritzbeutel mit glatter Tülle füllen und gleichgroße Kreise mit ca. 5 cm Durchmesser auf Bleche mit Backpapier spritzen. Die Unterseite der Bleche auf die Arbeitsplatte schlagen, um größere Luftblasen zu vermeiden. 1 Stunde ruhen lassen. Den Ofen auf 170° C vorheizen. Die Kekse auf der mittleren Schiene 10 Minuten backen. Auf dem Blech abkühlen lassen.

FÜLLUNG Die Schokolade schmelzen und etwas abkühlen lassen. Mit dem Frischkäse und dem Vanillepulver verrühren und 30 Minuten kalt stellen. Die Füllung auf die Hälfte der Kekse spritzen. Mit den restlichen Keksen zusammenlegen, und die Macarons vor dem Servieren 30 Minuten ruhen lassen.

VANILLEBAISERS

Weißes

MARSHMALLOWS

2 EL Gelatinepulver

340 g Zucker

100 ml weißer Sirup, siehe dazu Seite 160

50 ml Glukosesirup, siehe dazu Seite 160

1 EL Vanillezucker

DEKORATION

Puderzucker

Goldpulver

Schablonen

Gelatinepulver in einer Schüssel mit 3 EL Wasser vermischen und 10 Minuten stehen lassen. Zucker, Sirup, Glukosesirup, Vanillezucker und 100 ml Wasser in einem Topf mischen. Aufkochen und ½ Minute kochen lassen, dabei ständig umrühren. Gelatine und die heiße Zuckerflüssigkeit in eine große Schüssel gießen. Auf schwacher Stufe schlagen, bis die Gelatine sich gelöst hat. Dann 10–15 Minuten auf höchster Stufe schlagen, gerne in einer Küchenmaschine. Bei einem Rührgerät geht es leichter, wenn man es gegen Ende hebt und senkt. Eine ca. 20 x 20 cm große Form und einen Teigschaber mit etwas Öl einfetten. Die Masse mit dem Teigschaber zügig in die Form füllen. Mit Frischhaltefolie bedecken und mindestens 3 Stunden stehen lassen. Dann den Schaum in Stücke schneiden und in Puderzucker wälzen oder mithilfe von Goldpulver und Schablonen dekorieren. In verschlossenem Plastikbeutel aufbewahren.

VANILLEBAISERS

REZEPT FÜR CA. 20 STÜCK

6 Eiweiß

425 g Zucker

1 TL echtes Vanillepulver

1 TL frisch gepresster Zitronensaft

DEKORATION

Zuckerperlen

Alle Zutaten in eine Schüssel geben und auf ein Wasserbad mit siedendem Wasser stellen. Schaumig schlagen, bis das Baiser eine Temperatur von ca. 65° C hat. Die Schüssel herausnehmen und weiterschlagen, bis das Baiser wieder abgekühlt ist. Die Masse mit einem Spritzbeutel auf ein Blech mit Backpapier spritzen und mit Zuckerperlen bestreuen. Bei 130° C ca. 1 Stunde backen.

VANILLEROLLEN

REZEPT FÜR CA. 20 STÜCK

500 g Kuchenkrümel, z.B. Sandkuchen

125 g zimmerwarme Butter

2 EL Vanillezucker

75 ml Cointreau

500 g weißes Marzipan

Speisestärke zum Ausrollen

DEKORATION

200 g weiße Schokolade

silberne Zuckerstreusel

Die Kuchenkrümel mit Butter, Vanillezucker und Likör mixen. Die Arbeitsplatte mit Speisestärke bestäuben und das Marzipan zu einem einige Millimeter dicken Rechteck ausrollen. Die Füllung zu drei langen Rollen formen und auf das Rechteck legen. Das Marzipan längs der Rollen schneiden und die Füllung einrollen. Die Rollen mit der Fuge nach unten schließen. In 5 cm lange Teile schneiden. Auf ein Tablett legen und 1 gute Stunde kalt stellen.

DEKORATION Die Schokolade hacken und in der Mikrowelle oder im Wasserbad schmelzen. Die Enden der Rollen in die Schokolade tauchen und mit Zuckerstreuseln bestreuen. Auf Backpapier erstarren lassen. Kalt aufbewahren.

VANILLEROLLEN

MADELEINES

KLEINE VANILLESANDKUCHEN

WEISSE SCHOKOLADEN- MARSHMALLOW-HAPPEN

MADELEINES

REZEPT FÜR 12 STÜCK

50 g Butter
2 Eier
65 g Zucker
75 g Weizenmehl und etwas für das Blech
eine Prise Salz
75 g gemahlene Mandeln
abgeriebene Schale von $\frac{1}{4}$ unbehandelten Zitrone

DEKORATION

Puderzucker
Madeleinebleche

Die Butter schmelzen und abkühlen lassen. Eier und Zucker in einer Schüssel mischen. Die Schüssel auf ein heißes Wasserbad stellen und unter Rühren lauwarm erwärmen, bis der Zucker geschmolzen ist. Aus dem Wasserbad nehmen und anschließend richtig schaumig schlagen. Das Mehl hineinsieben und zusammen mit dem Salz mit einem Teigschaber unter die Masse heben. Die Butter unterheben und die gemahlene Mandeln und abgeriebene Zitronenschale hinzufügen. Vorsichtig mischen. Die Schüssel mit Frischhaltefolie bedecken und den Teig bei Zimmertemperatur 1 Stunde ruhen lassen. Den Ofen auf 200° C vorheizen und ein Madeleineblech bemehlen. Einen Löffel Teig in die Mitte jeder „Muschel" geben, dabei die Vertiefung nicht ganz füllen. 15 Minuten backen, bis die Madeleines goldbraun mit knusprigen Rändern sind. Abkühlen lassen, mit Puderzucker bestäuben und luftdicht aufbewahren.

KLEINE VANILLESANDKUCHEN

REZEPT FÜR 6 STÜCK

200 g Butter und etwas für die Form
210 g Zucker
3 Eier
abgeriebene Schale und Saft von einer unbehandelten Zitrone
325 g Weizenmehl
2 TL Backpulver
2 TL Vanillezucker
150 g Sahne
Semmelbrösel für die Form

GLASUR

EL frisch gepresster Zitronensaft
175 g Puderzucker

DEKORATION

silberne Zuckerperlen

Den Ofen auf 175° C vorheizen. Eine Form, in die sechs kleinere Kuchen passen, einfetten und mit Semmelbröseln ausstreuen. Butter und Zucker schaumig schlagen. Die Eier nacheinander unterrühren, danach Zitronenschale und -saft hinzufügen. Die trockenen Zutaten mischen und im Wechsel mit der Sahne unterrühren. Den Teig in die Form löffeln und im unteren Teil des Ofens ca. 30 Minuten backen. Mit der Stäbchenprobe kontrollieren, ob sie fertig sind. Vor dem Stürzen in der Form etwas abkühlen lassen. Wenn die Kuchen ganz abgekühlt sind, die Zutaten für die Glasur verrühren und auf die Kuchen streichen. Mit silbernen Zuckerperlen dekorieren.

WEISSE SCHOKOLADEN-MARSHMALLOW-HAPPEN

REZEPT FÜR CA. 12 STÜCK

400 g weiße Schokolade
100 g Mini-Marshmallows
100 g eingemachte Erdbeeren
100 g Walnüsse
10 Vanille-Fudges, siehe dazu Seite 160

Die Schokolade im Wasserbad oder in der Mikrowelle schmelzen. Den Rest der Zutaten unter die Schokolade mischen. Eine längliche Backform mit einem Fassungsvermögen von etwa $1\frac{1}{2}$ Litern mit Backpapier auskleiden und die Masse in die Form gießen. Erstarren lassen und dann in Stücke schneiden.

WEISSER SCHOKOLADENKUCHEN MIT KARDAMOM

REZEPT FÜR 16 STÜCKE

250 g Weizenmehl
2 TL Backpulver
2 TL Vanillezucker
2 TL frisch zerstoßener Kardamom
½ TL Salz
100 g zimmerwarme Butter und etwas für die Form
85 g Zucker
2 große Eier
150 ml Milch
150 g weiße Schokolade
Semmelbrösel für die Form

GLASUR

175 g Puderzucker
ca. 1 EL frisch gepresster Zitronensaft

DEKORATION

Zuckerperlen

ZUM SERVIEREN

Schlagsahne

Den Ofen auf 200° C vorheizen. Eine viereckige ofenfeste Form in der Größe von ca. 20 x 20 cm einfetten und mit Semmelbröseln ausstreuen. Mehl, Backpulver, Vanillezucker, Kardamom und Salz in einer Schüssel mischen. Zur Seite stellen. Butter und Zucker schaumig schlagen. Die Eier nacheinander einrühren. Die Mehlmischung und die Milch abwechselnd hinzufügen. Die Schokolade hacken und untermischen. Den Teig gleichmäßig in der Form verteilen. 30 Minuten backen; mit der Stäbchenprobe kontrollieren, ob der Kuchen fertig ist. Herausnehmen und abkühlen lassen. Die Zutaten für die Glasur verrühren, dabei nach und nach den Zitronensaft hinzufügen, und die Glasur auf den Kuchen streichen. Mit Zuckerperlen bestreuen und im Kühlschrank erstarren lassen. Den Kuchen in Rechtecke schneiden und mit Schlagsahne servieren.

VANILLE-LAKRITZ-TORTE

TORTENBÖDEN

6 Eier

350 g Zucker

125 g Weizenmehl

150 g Speisestärke

3 TL Vanillezucker

3 TL Backpulver

etwas Fett und Semmelbrösel für die Formen

LAKRITZMOUSSE

300 g Sahne

60–80 g Lakritzboote, siehe dazu Seite 160

VANILLECREME

300 g Sahne

1 Ei

3 EL Zucker

2 EL Vanillezucker

2 EL Maisstärke

BUTTERCREME

200 g zimmerwarme Butter

250 g Puderzucker

3 TL Vanillezucker

DEKORATION

500 g weißer Rollfondant

Strukturrolle für Fondant

TORTENBÖDEN Den Ofen auf 175° C vorheizen. Zwei Springformen mit 16 und 22 cm Durchmesser einfetten und mit Semmelbröseln ausstreuen. Die Eier trennen. Eigelb und Zucker schaumig schlagen. 200 ml Wasser hinzufügen und eine weitere Minute schlagen. Mehl, Speisestärke, Vanillezucker und Backpulver mischen und in die Masse einrühren. Das Eiweiß steif schlagen und vorsichtig unter den Teig heben. Den Teig in die Formen verteilen und 30 bzw. 45 Minuten backen, mit der Stäbchenprobe testen, ob die Böden fertig sind. Herausnehmen und abkühlen lassen.

LAKRITZMOUSSE Sahne und Lakritzboote in einen Topf geben. Bei niedriger Hitze erwärmen, bis die Lakritzboote geschmolzen sind, dabei ständig rühren. Die Mischung mindestens sechs Stunden oder über Nacht in den Kühlschrank stellen. Die Creme anschließend zur gewünschten Konsistenz schlagen.

VANILLECREME Die Zutaten in einem Topf verrühren. Bei mittlerer Hitze unter Rühren aufkochen, bis die Creme eindickt. Abkühlen lassen.

BUTTERCREME Die Butter weich rühren. Puderzucker und Vanillezucker hinzufügen und zu einer glatten Creme rühren.

ZUSAMMENSETZEN Die Tortenböden jeweils in ein Ober- und Unterteil teilen. Vanillecreme zwischen die beiden großen und Lakritzmousse zwischen die beiden kleinen Böden streichen. Die Böden zu zwei Torten zusammensetzen und beide rundherum mit Buttercreme bestreichen. Die Arbeitsfläche und eine Teigrolle mit Maisstärke bestreuen. Die Hälfte des Fondants ca. 3 mm dick ausrollen und dann mit der Strukturrolle Muster daraufrollen. Die eine Torte mit dem Fondant bedecken, überstehenden Rest möglichst nah an der Torte wegschneiden und mit der Hand vorsichtig alle Blasen und Falten glatt polieren. Dasselbe mit der anderen Torte wiederholen. Die kleinere auf die größere Torte setzen.

Weißes

WEISSE CHOCOLATE CHIP COOKIES

REZEPT FÜR CA. 25 STÜCK

- 100 g Haselnüsse
- 100 g weiße Schokolade
- 175 g Weizenmehl
- 1/2 TL Backpulver
- 1 1/2 TL Vanillezucker
- 135 g zimmerwarme Butter
- 125 g Zucker
- 1 Ei

Den Ofen auf 150° C vorheizen. Haselnüsse und Schokolade grob hacken. Mehl, Backpulver, Vanillezucker, Haselnüsse und Schokolade in einer Schüssel mischen. In einer anderen Schüssel Butter und Zucker schaumig schlagen. Das Ei mit der Buttermischung verrühren. Die Mehl-Schokoladen-Mischung unterheben und rasch zu einem Teig verarbeiten. Den Teig zu einer Rolle rollen und in 25 Stücke schneiden. Die Stücke ein wenig zusammendrücken und nicht allzu dicht auf Bleche mit Backpapier legen. 10–12 Minuten backen.

DOPPELTE KOKOSKEKSE MIT KOKOSFÜLLUNG

REZEPT FÜR 10 STÜCK

KEKSE

- 250 g zimmerwarme Butter
- 60 g Puderzucker
- 2 EL Vanillezucker
- 150 g Weizenmehl
- 150 g Speisestärke
- 35 g Kokosflocken

DEKORATION

- 50 g weiße Schokolade
- 35 g Kokosflocken

FÜLLUNG

- 100 g zimmerwarme Butter
- 250 g Puderzucker
- 1/2 TL echtes Vanillepulver
- 1 EL Milch
- 35 g Kokosflocken

KEKSE Den Ofen auf 200° C vorheizen. Butter, Puderzucker und Vanillezucker zu einer lockeren Masse schlagen. Weizenmehl und Speisestärke nach und nach hinzufügen, dazwischen kräftig rühren. Kokosflocken hinzufügen. Den Teig in einen Spritzbeutel mit Tülle füllen und ca. 4 cm lange Kekse auf ein Blech mit Backpapier spritzen. Auf der mittleren Schiene 8–10 Minuten backen. Herausnehmen und abkühlen lassen.

DEKORATION Die weiße Schokolade schmelzen und ein Ende jedes Kekses hineintauchen. Mit Kokosflocken bestreuen. Erstarren lassen.

ZUSAMMENSETZEN Die Butter schaumig schlagen. Puderzucker und Vanillepulver hinzufügen und zu einer glatten Masse schlagen. Milch und Kokosflocken hinzufügen und glatt schlagen. Gut 1 Stunde kalt stellen. Die Füllung auf die Hälfte der Kekse streichen und mit den restlichen Keksen zusammensetzen. Kühl aufbewahren.

WEISSER SCHOKOLADEN-ZITRONEN-CHEESECAKE

BODEN

200 g Vollkornkekse

50 g zimmerwarme Butter

FÜLLUNG

200 g Frischkäse

85 g Zucker

2 große Eier

200 g Crème fraîche

abgeriebene Schale von ½ unbehandelten Zitrone

2 EL Maisstärke

TOPPING

50 g weiße Schokolade

100 g Crème fraîche

1 EL Puderzucker

1 TL Vanillezucker

1 TL frisch gepresster Zitronensaft

DEKORATION

Blumen oder Früchte

Den Ofen auf 170° C vorheizen. Vollkornkekse zerkrümeln und mit der Butter zu einer gleichmäßigen Masse vermischen. Die Masse in den Boden einer Springform mit ca. 24 cm Durchmesser drücken und kalt stellen. Frischkäse und Zucker miteinander verrühren. Die Eier nacheinander einrühren. Crème fraîche und abgeriebene Zitronenschale unterrühren und Maisstärke hineinsieben. Gut vermischen. Füllung in die Form geben und auf der unteren Schiene ca. 1 Stunde backen. Die Schokolade für das Topping hacken. Den Rest der Zutaten in einem Topf erhitzen. Die Schokolade hinzufügen und rühren, bis sie geschmolzen ist. Den Kuchen aus dem Ofen nehmen und das Topping darauf verteilen. Weitere 10 Minuten backen. In der Form abkühlen lassen. Bis zum nächsten Tag kalt stellen. Mit Blumen oder Früchten dekorieren.

Achtung! Die Blumen auf dem Bild sind Ranunkeln, die manchmal Haut- und Schleimhautirritationen verursachen können. Nehmen Sie Früchte oder andere Blumen, falls jemand empfindlich ist! In jedem Fall dienen Blumen nur der Dekoration und sind nicht zum Verzehr geeignet!

Nüsse

MAZARIN-TOSCA-TARTE

TARTEBODEN

100 g zimmerwarme Butter

40 g Zucker

150 g Weizenmehl

FÜLLUNG

200 g Mandeln

2 Bittermandeln

100 g Butter

4 Eier

175 g Zucker

TOSCA

100 g Butter

85 g Zucker

100 g Sahne

75 g Honig

300 g gemischte Nüsse, z.B. Haselnüsse, Walnüsse, Pekannüsse

Den Ofen auf 200° C vorheizen. Die Zutaten für den Tarteboden schnell mit den Händen vermischen. Den Teig in den Boden einer Springform mit 22 cm Durchmesser drücken, dabei den Rand zur Hälfte bedecken. Die Form kalt stellen, während die Füllung zubereitet wird. Die Mandeln und Bittermandeln mahlen. Die Butter schmelzen und abkühlen lassen. Eier und Zucker zu einer lockeren Masse schlagen. Mandeln und Butter hinzufügen und zu einer gleichmäßigen Masse verrühren. Die Füllung in die Form gießen und in den Ofen stellen. Ca. 45 Minuten backen – nach 20 Minuten etwas Backpapier über den Kuchen legen, sodass er nicht zu dunkel wird. In der Form abkühlen lassen.

TOSCA Alle Zutaten außer den Nüssen in einem Topf mischen und unter Rühren kochen, bis die Tosca eine Temperatur von 118° C hat. Wenn Sie kein Thermometer haben, können Sie eine „Kugelprobe" machen, indem Sie ein wenig von der Masse in ein Glas kaltes Wasser geben. Wenn Sie die Masse zu einer Kugel formen können, ist sie fertig. Die Nüsse hinzufügen und die Tosca auf den Kuchen streichen.

Das Geheimnis des Sultans

REZEPT FÜR CA. 20 STÜCK

225 g dunkle Schokolade (mind. 70% Kakaogehalt)

250 ml Kondensmilch

1 TL echtes Vanillepulver

250 g Nuss-Nugat-Creme

$^1/_2$ TL Salz

3 EL Butter

75 g Pistazien

1 TL Salzflocken

Eine ca. 20 x 20 cm große ofenfeste Form mit Backpapier auskleiden. Die Schokolade hacken. Kondensmilch, gehackte Schokolade, Vanillepulver, Nuss-Nugat-Creme und Salz in einer Schüssel vermischen. Die Schüssel auf ein Wasserbad mit siedendem Wasser stellen und rühren, bis die Schokolade geschmolzen ist. Die Butter und zum Schluss die Pistazien einrühren, den Topf von der Platte nehmen und den Teig sofort in die Form füllen. Die Oberfläche glätten und mit Salzflocken bestreuen. 2 Stunden kalt stellen. Dann mit einem warmen, scharfen Messer in Stücke schneiden.

PISTAZIEN-SANDDORN-BISCOTTI

REZEPT FÜR CA. 50 STÜCK

150 g Mandeln

3 Eier

200 g Zucker

50 g zimmerwarme Butter

350 g Weizenmehl

2 TL Backpulver

1 EL Vanillezucker

30 g getrocknete Sanddornblüten, siehe dazu Seite 160

100 g Pistazien

Den Ofen auf 175° C vorheizen. Die Mandeln ca. 10 Minuten im Ofen rösten. Herausnehmen und abkühlen lassen, aber den Ofen anlassen. Die Eier trennen. Das Eiweiß steif schlagen. Das Eigelb zusammen mit dem Zucker schaumig schlagen. Mit der Butter mischen. Das Eiweiß unterheben. Mehl, Backpulver, Vanillezucker, getrocknete Sanddornblüten, geröstete Mandeln und Pistazien hinzufügen. Rasch zu einem Teig vermischen und in drei Stücke teilen. Jedes Stück zu einer Rolle formen, die genauso lang ist wie die lange Seite des Backblechs. Die Rollen auf das mit Backpapier belegte Blech legen, etwas flach drücken und auf der mittleren Schiene ca. 25 Minuten backen. Herausnehmen und eine Weile abkühlen lassen. Die Hitze auf 100° C reduzieren. Die Rollen mit einem scharfen Messer in schräge Stücke schneiden und mit der Schnittfläche nach oben zurück auf das Blech legen. Im Ofen 40–60 Minuten trocknen lassen. Nach der Hälfte der Zeit wenden.

MÜSLIRIEGEL MIT SCHOKOLADE, LAVENDEL UND NÜSSEN

PISTAZIEN-CAKEPOPS

REZEPT FÜR CA. 15 STÜCK

25 g Walnüsse

60 g gesalzene Cashewnüsse

100 g getrocknete Aprikosen

60 g Haferflocken

20 g Haferkleie

2 EL Honig

35 g Kokosflocken

150 g Sonnenblumenkerne

75 g zerstoßene Leinsamen

1 EL getrocknete Lavendelblüten, siehe dazu Seite 160

60 g Rosinen

100 ml Orangensaft

3 Eiweiß

DEKORATION

50 g dunkle Schokolade (mind. 70% Kakaogehalt)

MÜSLIRIEGEL MIT SCHOKOLADE, LAVENDEL UND NÜSSEN

Den Ofen auf 150° C vorheizen. Die Nüsse und die Aprikosen grob hacken und mit Haferflocken, Haferkleie, Honig, Kokosflocken, Sonnenblumenkernen, Leinsamen, Lavendelblüten und Rosinen vermischen. Den Orangensaft darübergießen und umrühren. Das Eiweiß leicht schlagen und unterrühren. Den Teig gut vermischen und gleichmäßig in einer ca. 20 x 30 cm großen, mit Backpapier ausgekleideten Form verteilen. Ca. 25 Minuten backen. Die Masse ganz abkühlen lassen und dann in Stücke schneiden. Die Schokolade schmelzen und über die Stücke träufeln.

REZEPT FÜR CA. 25 STÜCK

PISTANZIENKUCHEN

2 Eier

85 g Zucker

75 g Pistazien

1 TL Backpulver

2 TL Vanillezucker

150 g Weizenmehl

1 TL Salz

200 g Vanillejoghurt

FÜLLUNG

Pistazienkuchen

150 g Frischkäse

DEKORATION

100 g weiße Schokolade

50 g Pistazien

ca. 25 Lutscherstiele

PISTAZIEN-CAKEPOPS

PISTANZIENKUCHEN Den Ofen auf 200° C vorheizen. Eine 20 x 30 cm große ofenfeste Form mit Backpapier auskleiden. Eier und Zucker schaumig schlagen. Die Pistazien hacken. Backpulver, Vanillezucker, Mehl, Salz und Pistazien unter die Eiermasse rühren. Vanillejoghurt hinzufügen und zu einem glatten Teig verrühren. Den Teig in die Form füllen und ca. 30 Minuten auf der unteren Schiene backen. Abkühlen lassen.

FÜLLUNG Den Kuchen in eine Schüssel bröckeln und mit dem Frischkäse vermischen. Zu einer gleichmäßigen Masse vermengen und zu Kugeln formen.

ZUSAMMENSETZEN Die Schokolade schmelzen und den oberen Teil jedes Stiels in die Schokolade tauchen. Je eine Kugel auf den Stiel stecken. 15 Minuten kalt stellen. Die Kugeln rundherum mit Schokolade bestreichen. Die Pistazien hacken, die Kugeln damit bestreuen und auf Backpapier legen. Im Kühlschrank fest werden lassen.

Haselnusskekse

REZEPT FÜR CA. 30 STÜCK

100 g zimmerwarme Butter

175 g heller Muscovadozucker

1 Ei

150 g Weizenmehl und etwas für das Backbrett

1 TL Vanillezucker

$^{1}/_{2}$ TL Natron

$^{1}/_{2}$ TL Salz

100 g dunkle Blockschokolade

100 g Haselnüsse

Butter, Zucker und Ei zu einer cremigen Masse verrühren. Mehl, Vanillezucker, Natron und Salz hinzufügen. Die Schokolade und die Nüsse hacken und einrühren. Den Teig auf eine bemehlte Arbeitsfläche legen und zu einer langen Rolle mit ca. 5 cm Durchmesser rollen. Die Rolle in zwei Teile teilen und im Kühlschrank ca. 1 Stunde ruhen lassen. Den Ofen auf 175° C vorheizen. Die Rollen herausnehmen und in zentimeterdicke Scheiben schneiden. Auf zwei Bleche legen und die Kekse ca. 15 Minuten backen, bis sie goldbraun und knusprig sind. Auf einem Gitter abkühlen lassen.

REZEPT FÜR CA. 24 STÜCK

BROWNIES

175 g zimmerwarme Butter

200 g Zucker

50 ml heller Sirup, siehe dazu Seite 160

60 g Kakaopulver

2 TL Vanillezucker

1/2 TL Salz

3 Eier

90 g Weizenmehl

150 g Macadamia-Nüsse

NUSS-NUGAT-FROSTING

100 g Nuss-Nugat-Creme

225 g Mascarpone

125 g Puderzucker

MACADAMIA-BROWNIES MIT NUSS-NUGAT-FROSTING

BROWNIES Den Ofen auf 175° C vorheizen. Eine ca. 20 x 20 cm große ofenfeste Form mit Backpapier auslegen. Butter und Zucker schaumig schlagen. Sirup, Kakao, Vanillezucker und Salz hinzufügen. Die Eier nacheinander einrühren. Das Mehl hineinsieben und zusammen mit den Nüssen vorsichtig zu einem gleichmäßigen Teig verrühren. Den Teig in die Form füllen und ca. 30 Minuten backen. Abkühlen lassen und anschließend in Quadrate schneiden.

NUSS-NUGAT-FROSTING Nuss-Nugat-Creme mit Mascarpone mischen. Den Puderzucker nach und nach einrühren. Zu einer lockeren Masse schlagen. Das Frosting auf die Quadrate spritzen oder streichen.

NUSS-KAFFEE-KUCHEN

200 g Haselnüsse
400 g Weizenmehl
3 TL Backpulver
125 ml Milch
6 EL lösliches Kaffeepulver
300 g zimmerwarme Butter und etwas für die Form
315 g Rohrohrzucker
4 Eier
Semmelbrösel für die Form

DEKORATION

evtl. 1 EL Kakao

Den Ofen auf 165° C vorheizen. Eine Form, die 2 Liter fasst, einfetten und mit Semmelbröseln ausstreuen. Die Haselnüsse fein mahlen und mit Mehl und Backpulver mischen. Die Milch erhitzen und das Kaffeepulver einrühren. Butter und Zucker schaumig schlagen. Die Eier nacheinander untermischen. Nach jedem Ei eine Weile schlagen. Die Mehlmischung abwechselnd mit der Kaffeemilch einrühren. Den Teig in die Form geben und den Kuchen 55–60 Minuten backen. Mit der Stäbchenprobe kontrollieren, ob er fertig ist. Den Kuchen 10 Minuten in der Form ruhen lassen. Anschließend stürzen und abkühlen lassen. Evtl. mit Kakao bestäuben.

BODEN

200 g Vollkornkekse

50 g zimmerwarme Butter

125 g gesalzene Erdnüsse

FÜLLUNG

500 g Frischkäse

3 Eier

3 Eigelb

200 g Zucker

125 g Crème fraîche

250 g cremige Erdnussbutter

TOPPING

100 g Milchschokolade

250 g Crème fraîche

2 EL Farinzucker

ERDNUSSGLASUR

100 g cremige Erdnussbutter

150 g Frischkäse

125 g Puderzucker

1 TL Vanillezucker

DEKORATION

Zuckerperlen

ERDNUSS-CHEESECAKE

BODEN UND FÜLLUNG Den Ofen auf 170° C vorheizen. Ein Stück Backpapier zu einem Kreis mit 24 cm Durchmesser zuschneiden. Das Papier auf den Boden einer Springform mit gleichem Durchmesser legen. Die Vollkornkekse mit der Butter zu einer gleichmäßigen Masse mischen. Die Masse auf den Boden der Form drücken und die Erdnüsse darauf verteilen. Kalt stellen. Die Zutaten für die Füllung in einer Küchenmaschine zu einem glatten Teig vermischen. Den Teig in die Form geben und ca. 50 Minuten backen. Abkühlen lassen.

TOPPING Die Schokolade grob hacken und zusammen mit Crème fraîche und Farinzucker in einen kleinen Topf geben. Bei schwacher Hitze erwärmen und rühren, bis die Schokolade geschmolzen ist. Das Topping vorsichtig auf den Kuchen löffeln. Für 10 Minuten zurück in den Ofen stellen. In der Form abkühlen lassen.

ERDNUSSGLASUR Alle Zutaten miteinander mischen und die Glasur in einen Spritzbeutel mit Tülle füllen. In kleinen Häubchen rund um den Kuchen spritzen und mit Zuckerperlen dekorieren. Bis zum Servieren kalt stellen.

Sündige Nugattorte

KUCHEN

3 Eiweiß

400 g Haselnussmasse, siehe dazu Seite 160

1 Ei

1 1/2 EL Kakaopulver

Fett und Semmelbrösel für die Form

FÜLLUNG

500 g Sahne

200 g Vollmilchschokolade

3 Eigelb

DEKORATION

100 g Nugat

KUCHEN Den Ofen auf 175° C vorheizen. Eine Springform mit 24 cm Durchmesser einfetten und mit Semmelbröseln ausstreuen. Das Eiweiß steif schlagen und mit Haselnussmasse, Ei und Kakao vermischen. Den Teig in die Form geben und auf der mittleren Schiene ca. 30 Minuten backen. Den Kuchen abkühlen lassen.

FÜLLUNG Die Sahne schlagen. Die Schokolade grob hacken und schmelzen, eine Weile zum Abkühlen stehen lassen. Dann die Eigelbe nacheinander einrühren, am besten mit einem Stabmixer mischen. Die Sahne nach und nach unterheben. Die Masse über den Kuchen in die Form gießen. Bedecken und die Torte 1 Stunde einfrieren.

DEKORATION Das Nugat schmelzen und in mehreren Schichten über die Torte träufeln. Erneut für mindestens 3 Stunden in das Gefrierfach stellen. Die Torte 30 Minuten vor dem Servieren herausnehmen. Mit einem Messer vorsichtig am Rand entlang fahren und anschließend die Torte aus der Form lösen.

NUGATPRALINEN

BANANENMUFFINS MIT ERDNUSSFROSTING

Nugatpralinen

REZEPT FÜR CA. 20 STÜCK

100 g Mandelblättchen

250 g Nugat

125 g dunkle Schokolade
(mind. 70% Kakaoanteil)

DEKORATION

goldene
Zuckerstreusel

20 Eisschokolade-Förmchen oder Minimuffin-Förmchen auf ein Tablett stellen. Die Mandelblättchen in einer Pfanne ohne Fett rösten. Das Nugat und die Schokolade im Wasserbad schmelzen. Die Mandeln einrühren. Die Masse in die Förmchen füllen, mit Zuckerstreuseln bestreuen und im Kühlschrank erstarren lassen.

BANANENMUFFINS
MIT ERDNUSS-FROSTING

REZEPT FÜR CA. 15 STÜCK

BANANENMUFFINS

75 g zimmerwarme Butter

90 g Rohrohrzucker

2 Eier

125 g Weizenmehl

1 TL Backpulver

1 TL Vanillezucker

1 reife Banane

$^1/_2$ EL frisch gepresster Zitronensaft

ERDNUSS-FROSTING

100 g cremige Erdnussbutter

150 g Frischkäse

125 g Puderzucker

1 TL Vanillezucker

DEKORATION

gesalzene Erdnüsse

BANANMUFFINS Den Ofen auf 220° C vorheizen. Butter und Zucker schaumig schlagen. Die Eier nacheinander einrühren. Das Mehl mit Backpulver und Vanillezucker mischen. Die Banane mit einer Gabel zerdrücken und den Zitronensaft hinzufügen. Alles vermischen und schnell zu einem glatten Teig verrühren. Muffinformen in ein Muffinblech oder auf ein Backblech stellen und zu drei Vierteln mit Teig füllen. Auf der mittleren Schiene ca. 15 Minuten backen. Abkühlen lassen.

ERDNUSS-FROSTING Alle Zutaten miteinander mixen und die Masse in einen Spritzbeutel mit Tülle füllen. Das Frosting auf die Muffins spritzen. Die Erdnüsse für die Dekoration hacken und die Muffins damit dekorieren.

Pistazientörtchen

REZEPT FÜR 4 STÜCK

SCHOKOLADENBODEN

200 g Marzipan-Rohmasse

2 Eier

2 EL Kakaopulver

Fett und Semmelbrösel für die Form

PISTAZIEN-MOUSSE

2 Blatt Gelatine

150 g Pistazien

60 g Puderzucker

200 g Sahne

200 g Quark

1 TL echtes Vanillepulver

evtl. einige Tropfen grüne Lebensmittelfarbe

SCHOKOLADENGANACHE

100 g dunkle Schokolade (mind. 70% Kakaopulver)

100 g Sahne

½ EL Honig

DEKORATION

gehackte Pistazien

feste Plastikfolie

Die Plastikfolie in vier 7 x 20 cm große Streifen schneiden. Jeden Streifen zu einem Zylinder zusammenrollen und mit Klebeband zusammenkleben. Zur Seite stellen.

SCHOKOLADENBODEN Den Ofen auf 200° C vorheizen. Die Marzipan-Rohmasse reiben und mit Eiern und Kakao mixen. Eine runde Form mit 24 cm Durchmesser einfetten und mit Semmelbröseln ausstreuen. Den Teig hineingeben und 20–25 Minuten backen, dann herausnehmen und abkühlen lassen. Mit den Zylinderformen vier Böden ausstechen und den Teig in der Folie lassen.

PISTAZIEN-MOUSSE Die Gelatine 5 Minuten in kaltem Wasser einweichen. Pistazien mahlen und mit dem Puderzucker vermischen. Sahne schlagen und mit Quark, Vanillepulver und dem Pistazienzucker mischen. Evtl. ein paar Tropfen grüne Lebensmittelfarbe hinzufügen. Die Gelatine ausdrücken. Vorsichtig in der Mikrowelle oder einem Topf schmelzen und mit der Masse vermischen. Die Mousse auf die Zylinder verteilen.

SCHOKOLADENGANACHE Die Schokolade grob hacken. Sahne und Honig erhitzen, über die Schokolade gießen und diese schelzen lassen. Pistazien hacken. Die Törtchen mit Schokoladenganache und gehackten Pistazien bedecken und mindestens 4 Stunden in das Gefrierfach stellen. 30 Minuten vor dem Servieren herausnehmen und die Plastikfolie sofort entfernen.

WALNUSS-TARTE

GEWÜRZKUGELN MIT NUSS-NUGAT-FÜLLUNG

TARTE-BODEN

200 g Weizenmehl

½ TL Salz

2 EL Zucker

115 g Butter

1 EL Milch

FÜLLUNG

100 g Walnüsse

100 g Mandeln

100 g Farinzucker

1 ½ TL frisch gepresster Zitronensaft

150 g Sahne

3 EL dunkler Sirup, siehe dazu Seite 160

2 TL Kakaopulver

2 TL Vanillezucker

½ TL Salz

25 g Butter

4 Eier

85 g Zucker

125 g Weizenmehl

1 TL Backpulver

ZUM SERVIEREN

Puderzucker

Walnüsse

Schlagsahne

WALNUSS-TARTE

BODEN Die Zutaten für den Tarte-Boden miteinander verkneten oder in einer Küchenmaschine mischen, bis sich der Teig gerade zu einer Kugel zusammenzieht. Den Teig in eine Tarte-Form drücken und eine Weile kalt stellen. Den Ofen auf 220° C vorheizen. Den Tarte-Boden 10 Minuten vorbacken. Dann die Hitze auf 175° C senken und die Form herausnehmen.

FÜLLUNG Die Walnüsse und die Mandeln in eine ofenfeste Form legen und 10 Minuten rösten. Farinzucker, Zitronensaft, Sahne, Sirup, Kakao, Vanillezucker und Salz in einem Topf aufkochen und 10 Minuten sieden lassen, bis die Sauce zu Toffee einzudicken beginnt. Den Topf von der Platte nehmen, die Butter einrühren und eine Weile abkühlen lassen. Eier und Zucker vermischen. Mehl, Backpulver, Walnüsse und Mandeln einrühren und anschließend rasch mit der Toffeemasse mixen. Rühren, bis alles gut vermischt ist. Die Füllung in den vorgebackenen Tarte-Boden füllen. 40 Minuten backen und abkühlen lassen. Mit Puderzucker bestäuben, mit Walnüssen bestreuen und mit geschlagener Sahne servieren.

REZEPT FÜR 24 STÜCK

100 g Weizenmehl
$1/2$ TL Backpulver
1 TL Zimt
$1/2$ TL Muskat
$1/2$ TL Salz
115 g zimmerwarme Butter
125 g Farinzucker
40 g Zucker
1 Ei
1 TL echtes Vanillepulver
160 g Haferflocken
150 g kleine Schokoladenpellets, weiß und dunkel

FÜLLUNG

200 g Nuss-Nugat-Creme

GEWÜRZKUGELN MIT NUSS-NUGAT-FÜLLUNG

Mehl, Backpulver, Zimt, Muskat und Salz in eine Schüssel sieben und beiseitestellen. Butter, Farinzucker und Zucker in einer Schüssel zu einer gleichmäßigen Masse schlagen. Ei und Vanillepulver unterrühren. Die Mehlmischung hinzufügen und rühren, bis alles vermengt ist. Haferflocken und Schokoladenpellets ebenfalls hinzufügen und zu einem Teig kneten. Den Teig zu zwei Rollen formen, in Frischhaltefolie wickeln und 30 Minuten kalt stellen. Den Ofen auf 175° C vorheizen. Die Rollen jeweils in 24 Stücke teilen und die Stücke zu kleinen Kugeln rollen. Auf zwei Bleche mit Backpapier legen und 12–15 Minuten backen, bis sie goldbraun sind. Die Kekse abkühlen lassen. Auf die flache Seite der Hälfte der Kekse Nuss-Nugat-Creme spritzen oder streichen und mit den restlichen Kekshälften zusammenlegen.

REZEPT FÜR CA. 30 STÜCK

50 g Hefe

500 ml Milch

135 g dunkler Muscovadozucker

½ TL Salz

2 TL gemahlener Kardamom

150 g zimmerwarme Butter

900 g Weizenmehl

FÜLLUNG

150 g zimmerwarme Butter

2 TL echtes Vanillepulver

90 g heller Muscovadozucker

1 EL Zimt

3 TL frisch zerstoßener Kardamom

200 g Nüsse, z.B. Haselnüsse, Walnüsse, Pistazien, Mandeln

DEKORATION

1 Ei

4 EL Nüsse, z.B. Haselnüsse, Walnüsse, Pistazien, Mandeln

Hagelzucker

NUSS-ZIMTSCHNECKEN

Die Hefe in eine Schüssel bröckeln und mit ein wenig handwarmer Milch anrühren. Den Rest der handwarmen Milch, Muscovadozucker, Salz und Kardamom hinzufügen. Die Butter und das Mehl ebenfalls beimengen und den Teig mindestens 15 Minuten in der Küchenmaschine oder noch länger per Hand kneten. Ca. 40 Minuten gehen lassen. Alle Zutaten für die Füllung mit Ausnahme der Nüsse miteinander verrühren. Den Teig auf die Arbeitsfläche legen und in zwei Teile teilen. Beide Stücke zu einem je ca. 25 x 40 cm großen Rechteck ausrollen. Die Füllung auf dem Teig verteilen, die Nüsse hacken und darüberstreuen und die Rechtecke von der Längsseite aus zu Rollen formen. Jede Rolle in 15 Stücke teilen. Die Stücke mit der Schnittfläche nach oben in Papierformen oder auf Bleche mit Backpapier stellen. Ca. 40 Minuten gehen lassen. Den Ofen auf 250° C vorheizen. Für die Dekoration die Schnecken mit verquirltem Ei bestreichen. Die Nüsse hacken und zusammen mit Hagelzucker über die Schnecken streuen. Auf der mittleren Schiene 8–10 Minuten backen.

Fruchtiges

Mangomousse

REZEPT FÜR 4 PORTIONEN

1 Vanillestange

175 g Zucker

2 $^1/_2$ Blatt Gelatine

400 g Mango (Nettogewicht)

200 g Sahne

3 EL frisch gepresster Zitronensaft

DEKORATION

4–6 Maracujas

Die Vanillestange der Länge nach aufschneiden und das Mark herauskratzen. 100 ml Wasser mit der Vanillestange, dem Mark und dem Zucker in einem Topf aufkochen und rühren, sodass sich der Zucker auflöst. Die Vanillestange herausnehmen und die Flüssigkeit abkühlen lassen. Die Gelatineblätter 5 Minuten in kaltem Wasser einweichen. Die Mango schälen, würfeln und mit dem abgekühlten Zuckerwasser vermischen. Die Sahne schlagen. Die Gelatineblätter ausdrücken und in einem Topf vorsichtig in warmem Zitronensaft auflösen. Die Gelatinemischung in einem dünnen Strahl in den Mangomix einrühren. Die Sahne unterheben. Die Mousse in Gläser füllen und im Kühlschrank mindestens 4 Stunden fest werden lassen. Die Maracujas aushöhlen und das Fruchtfleisch auf der Mousse verteilen.

ZITRONENTORTE

TORTENBODEN

4 Eier

250 g Zucker

90 g Weizenmehl

115 g Speisestärke

2 TL Vanillezucker

2 TL Backpulver

abgeriebene Schale einer unbehandelten Zitrone

Fett und Kokosflocken für die Form

KOKOSMOUSSE

200 g Crème fraîche

125 g Zucker

70 g Kokosflocken

200 g Sahne

ZITRONENSAHNE

500 g Sahne

100 g Lemon Curd

2–3 EL Zucker

einige Tropfen gelbe Lebensmittelfarbe

ZITRONENGELEE

2 Blatt Gelatine

50 ml konzentrierter

Zitronensirup, siehe dazu Seite 160

DEKORATION

silberne Zuckerperlen

TORTENBODEN Den Ofen auf 175° C vorheizen. Zwei Backformen mit 18 cm Durchmesser einfetten und mit Kokosflocken ausstreuen. Die Eier trennen. Eigelb und Zucker schaumig schlagen. 150 ml Wasser hinzufügen und ein wenig weiter schlagen. Mehl, Speisestärke, Vanillezucker, Backpulver und Zitronenschale vermischen und in den Teig einrühren. Eiweiß steif schlagen und vorsichtig unterheben. Den Teig in den Formen verteilen und 30–35 Minuten backen; mit der Stäbchenprobe testen, ob die Böden fertig sind. Herausnehmen und abkühlen lassen.

KOKOSMOUSSE Crème fraîche und Zucker in einer Schüssel mischen, bis der Zucker sich aufgelöst hat. Kokosflocken hinzufügen. Die Sahne steif schlagen und hinzufügen. Mindestens 3 Stunden kalt stellen, sodass die Füllung fest wird.

ZITRONENSAHNE Sahne, Lemon Curd, Zucker und Lebensmittelfarbe zu einer glatten Creme schlagen.

ZITRONENGELEE Die Gelatine 5 Minuten in kaltem Wasser einweichen. 100 ml Wasser mit Zitronensirup mischen und erwärmen. Die Gelatineblätter ausdrücken und in den warmen Saft einrühren. Eine gute Stunde kalt stellen.

ZUSAMMENSETZEN Jeden Tortenboden in ein Ober- und ein Unterteil teilen. Die Hälfte der Kokosmousse auf den untersten Boden streichen, den nächsten darauflegen und mit der Hälfte der Zitronensahne bestreichen. Den dritten Boden darauflegen, mit dem Rest der Kokosmousse bestreichen und den obersten darauflegen. Den Rest der Zitronensahne auf die Torte und um die Ränder streichen und Zitronensahneröschen auf die Torte spritzen. Mit Zuckerperlen dekorieren. Zum Schluss die Mitte mit Zitronengelee füllen und fest werden lassen.

Pavlova

REZEPT FÜR CA. 6 STÜCK

2 Eiweiß

125 g Zucker

knapp $^{1}/_{4}$ TL Backpulver

$^{1}/_{8}$ TL Salz

HIMBEERSAHNE

200 g Sahne

125 g Himbeeren

DEKORATION

Baisers oder Himbeeren

rosa Zuckerperlen

Den Ofen auf 220° C vorheizen. Das Eiweiß steif schlagen. Zucker, Backpulver und Salz einrühren. Die Masse in einem Spritzbeutel mit Tülle füllen und sechs Baisers auf ein Blech mit Backpapier spritzen. Bei jedem mit einem Löffel eine Vertiefung in die Mitte drücken. Das Blech auf die mittlere Schiene schieben, den Ofen abschalten und die Masse mindestens 4 Stunden oder über Nacht trocknen, ohne die Klappe zu öffnen.

HIMBEERSAHNE Die Sahne schlagen. Die Beeren zerdrücken und mit der Sahne mischen. Die Baisers mit der Sahne füllen und mit kleinen Baisers oder Himbeeren sowie rosa Zuckerperlen dekorieren.

Rosentörtchen

REZEPT FÜR 4 STÜCK

BODEN

200 g Blockschokolade

75 g zerstoßene Cornflakes

PANNA COTTA

4 Blatt Gelatine

300 g Sahne

1 Vanillestange

4 EL Zucker

Saft von einer Limette

ERDBEERGELEE

2 Blatt Gelatine

250 g Erdbeeren

2 EL konzentrierter Erdbeersirup, siehe dazu Seite 160

60 g Blaubeeren

BODEN Eine viereckige Form, ca. 15 x 15 cm, mit Backpapier auskleiden. Die Schokolade schmelzen und die zerstoßenen Cornflakes untermischen. Die Masse in der Form verteilen. Kalt stellen.

PANNA COTTA Die Gelatine 5 Minuten in kaltem Wasser einweichen. Währenddessen die Sahne aufkochen, Vanillestange und Zucker hinzufügen und ca. 5 Minuten kochen lassen. Den Topf von der Platte nehmen. Die Vanillestange herausnehmen und abwischen. Der Länge nach öffnen und das Mark herauskratzen. Dieses zurück in die Sahne geben. Die Gelatine ausdrücken und in der warmen Vanillesahne auflösen. Limettensaft hinzufügen. Abkühlen lassen. Anschließend auf die Schokolade in die Form gießen und im Kühlschrank ca. 3 Stunden fest werden lassen.

ERDBEERGELEE Die Gelatine 5 Minuten in kaltes Wasser legen. Die Erdbeeren in Scheiben schneiden. Erdbeersirup mit 150 ml Wasser in einem Topf erhitzen. Die Gelatine ausdrücken und im warmen Saft auflösen. Erdbeeren und Blaubeeren in der Form über die gestockte Panna Cotta verteilen und das Gelee darübergießen. Im Kühlschrank weitere 3 Stunden oder über Nacht stocken lassen. Vor dem Servieren den Kuchen aus der Form nehmen und mit einem warmen Messer in Vierecke schneiden.

Charlotte Russe

BISKUITROLLE

3 Eier

125 g Zucker

125 g Weizenmehl

1 TL Backpulver

1 TL Vanillezucker

FÜLLUNG

400 ml Himbeerkonfitüre

BLAUBEERMOUSSE

2 Blatt Gelatine

175 g Blaubeeren

65 g Zucker

250 g Sahne

100 g Sahnejoghurt

BISKUITROLLE Den Ofen auf 250° C vorheizen. Eine Fettpfanne mit Backpapier auskleiden. Eier und Zucker schaumig schlagen. Mehl, Backpulver und Vanillezucker mischen und mit 1 EL Wasser einrühren. Den Teig gleichmäßig auf das Papier streichen. Auf der mittleren Schiene ca. 5 Minuten backen. Mit Zucker bestreuen, ein Stück Backpapier darauflegen und den Teig mithilfe eines Blechs stürzen. Das Papier, auf dem der Kuchen gebacken wurde, abziehen. Evtl. etwas Wasser auf das Papier streichen, dann löst es sich leichter. Abkühlen lassen. Mit Himbeerkonfitüre bestreichen und mithilfe des Backpapiers zu einer Rolle rollen. Die Rolle einfrieren.

BLAUBEERMOUSSE Die Gelatine 5 Minuten in kaltem Wasser einweichen. Die Blaubeeren fein pürieren. Zucker mit 2 EL Wasser in einem Topf erwärmen, bis er sich aufgelöst hat. Gelatine ausdrücken und im warmen Zuckerwasser auflösen. Etwas abkühlen lassen und dann mit dem Blaubeerpüree mischen. Die Sahne locker schlagen. Den Joghurt in die Blaubeermousse einrühren und dann vorsichtig die leicht geschlagene Sahne unterheben.

ZUSAMMENSETZEN Die Rolle in 12–15 Scheiben schneiden. Die Innenseite einer Kuppelform oder Schüssel, die 2 Liter fasst, mit Frischhaltefolie auskleiden und mit den Scheiben auslegen, sodass sie die ganze Innenseite der Form bedecken. Die Blaubeermousse in die Kuppelform füllen und mindestens 4 Stunden in das Gefrierfach stellen. Auf einen Teller stürzen, die Frischhalte-folie abziehen und im Kühlschrank langsam auftauen lassen.

Brombeerherzen

REZEPT FÜR 10 STÜCK

Boden

2 Eier

125 g Zucker

100 ml Sonnenblumenöl und etwas für die Form

200 g Weizenmehl

1 $^{1}/_{2}$ TL Backpulver

1 TL Vanillezucker

2 TL Zimt

150 ml Milch

Semmelbrösel für die Form

BROMBEERMOUSSE

2 Blatt Gelatine

200 g Sahne

2 EL Puderzucker

125 g Brombeeren

BROMBEERGELEE

2 Blatt Gelatine

100 g Brombeeren

DEKORATION

250 g rosa Marzipan

Brombeeren

Herzförmiger Ausstecher

BODEN Den Ofen auf 200° C vorheizen. Eier und Zucker schaumig schlagen. Mit dem Öl vermengen. Mehl, Backpulver, Vanillezucker und Zimt vermischen und abwechselnd mit der Milch vorsichtig unterheben. Eine ca. 20 x 30 cm große ofenfeste Form einfetten und mit Semmelbröseln ausstreuen. Den Teig hineingeben und auf der mittleren Schiene ca. 30 Minuten backen. Abkühlen lassen.

BROMBEERMOUSSE Die Gelatine 5 Minuten in kaltem Wasser einweichen. Sahne und Puderzucker schlagen. Die Brombeeren erhitzen und pürieren. Die Gelatineblätter aus dem Wasser nehmen, ausdrücken und untermischen. Die Brombeeren unter die Sahne heben.

BROMBEERGELEE Die Gelatine 5 Minuten in 100 ml kaltem Wasser einweichen. Die Brombeeren erhitzen und die Masse durch ein Sieb pressen, das Püree in einer Schüssel auffangen. Die Gelatineblätter ausdrücken und in das Püree einrühren.

ZUSAMMENSETZEN Mit einem Ausstecher ca. zehn herzförmige Böden ausstechen. Jedes Herz in ein Ober- und ein Unterteil teilen. Das Unterteil mit Brombeermousse bestreichen und wieder zusammenlegen. Das Marzipan dünn ausrollen und in zehn ca. 4 cm breite Streifen schneiden. Einen Streifen um jedes Herz legen, dabei an jeder Spitze einen kleinen Zipfel überstehen lassen. Das Gelee auf den Törtchen verteilen und mit Brombeeren dekorieren.

Macarons

REZEPT FÜR 20 STÜCK

GRUNDREZEPT

200 g Puderzucker

100 g gemahlene Mandeln

3 Eier

eine Prise Salz

50 g Zucker

violette, gelbe, hellgrüne oder rote Farbpaste oder Farbpulver

Puderzucker und gemahlene Mandeln miteinander vermischen. Die Eier trennen und das Eiweiß in eine Schüssel geben. Salz hinzufügen und mit einem Rührgerät steif schlagen. Bei mittlerer Geschwindigkeit weiter schlagen und den Zucker löffelweise hinzufügen. Die Mischung sollte dick, weiß und glänzend werden. Farbpaste oder Farbpulver, in einer winzigen Menge Wasser angerührt, hinzufügen und gut mischen, bis alles eine gleichmäßige Farbe angenommen hat. Die Puderzucker-Mandel-Mischung unter die Masse heben und glatt rühren. Den Teig in einen Spritzbeutel füllen und gleichmäßige Kreise mit ca. 5 cm Durchmesser auf zwei Bleche mit Backpapier spritzen. 60 Minuten ruhen lassen. Den Ofen auf 160° C vorheizen. Die Kekse auf der mittleren Schiene 12 Minuten backen. Auf dem Blech auskühlen lassen.

ZUSAMMENSETZEN Eine dünne Schicht Füllung auf die Hälfte der Kekse streichen. Die restlichen Kekse darauflegen und die Macarons vor dem Servieren 30 Minuten ruhen lassen.

BLAUBEER-MACARONS

FÜLLUNG

100 g weiße Schokolade

100 g Sahne

30 g frische Blaubeeren

Die Schokolade fein hacken und in eine Schüssel geben. Die Sahne erhitzen, aber nicht kochen lassen. Über die Schokolade gießen und rühren, bis sie geschmolzen ist. Die Blaubeeren zerdrücken und in die Masse einrühren. Die Creme im kalten Wasserbad abkühlen und dann im Kühlschrank kalt stellen, am besten über Nacht. Herausnehmen und sofort mit einem Rührgerät zu einer lockeren Masse schlagen. Sie muss beim Schlagen kühlschrankkalt sein, sonst besteht das Risiko, dass sie körnig wird und sich nicht schlagen lässt.

ZITRONEN-MACARONS

FÜLLUNG

abgeriebene Schale und 75 ml Saft von 2 unbehandelten Zitronen

2 Eier

125 g Puderzucker

85 g Butter

Zitronenschale, Zitronensaft, Eier und Puderzucker in einem Topf mit dickem Boden vermischen. Unter Rühren sieden lassen, bis die Masse eingedickt ist; sie sollte so dickflüssig sein, dass man einen Klecks davon in zwei Hälften teilen kann, ohne dass die Hälften wieder zusammenfließen. Den Topf von der Platte nehmen und die Butter nach und nach hineinlöffeln, sodass sie schmilzt und sich mit der Zitronencreme mischt. Vorsichtig rühren. Die Füllung in eine Schüssel füllen, mit Frischhaltefolie bedecken und abkühlen lassen. Anschließend kalt stellen.

LIMETTEN-MACARONS

FÜLLUNG

100 g weiße Schokolade

100 g Sahne

hellgrüne Farbpaste oder Farbpulver

Saft von einer Limette

Die Schokolade fein hacken und in eine Schüssel geben. Die Sahne erhitzen, aber nicht kochen lassen. Über die Schokolade gießen und rühren, bis diese geschmolzen ist. Limettensaft einrühren und die Creme im kalten Wasserbad abkühlen. Im Kühlschrank kalt stellen, am besten über Nacht. Die kühlschrankkalte Creme mit einem Rührgerät zu einer lockeren Masse schlagen. Sie muss beim Schlagen ganz kalt sein, sonst besteht das Risiko, dass sie körnig wird und sich nicht schlagen lässt.

ERDBEER-MACARONS

FÜLLUNG

100 g zimmerwarme Butter

100 g Puderzucker

1 TL Vanillezucker

1 Eigelb

rote Farbpaste oder Farbpulver

4-6 TL Erdbeersauce

Butter, Puderzucker und Vanillezucker weiß und schaumig schlagen. Mit dem Eigelb mixen. Mit roter Farbe einfärben und Erdbeersauce für den Geschmack hinzufügen.

BLAUBEER-DESSERT

HIMBEERBISKUITS

Blaubeer-Dessert

REZEPT FÜR 4 STÜCK

BLAUBEER-MOUSSE

2 Blatt Gelatine

200 g Sahne

2 EL Puderzucker

125 g frische Blaubeeren

TOPPING

Blaubeerkekse

REZEPT FÜR CA. 50 STÜCK

BLAUBEERKEKSE

125 g Butter

175 g Zucker

1 großes Ei

250 g Mehl

1 TL Salz

½ TL Backpulver

2 EL Blaubeerpulver, siehe dazu Seite 160

evtl. etwas rote Lebensmittelfarbe

50 ml Blaubeerkonfitüre

Die Gelatineblätter 5 Minuten in kaltem Wasser einweichen. Sahne und Puderzucker schlagen. Die Blaubeeren pürieren. Die Gelatineblätter herausnehmen und ausdrücken, dann vorsichtig in der Mikrowelle oder einem Topf schmelzen. In die Blaubeeren einrühren und die Masse unter die Sahne heben. Die Mousse in mit Frischhaltefolie ausgekleidete Portionsförmchen füllen. Mindestens 3 Stunden kalt stellen. Beim Servieren mit Blaubeerkeksen dekorieren.

BLAUBEERKEKSE Butter und Zucker schaumig schlagen. Mit dem Ei vermischen. Mehl, Salz, Backpulver, Blaubeerpulver und evtl. rote Lebensmittelfarbe hinzufügen und zu einem Teig verarbeiten. Den Teig in zwei Stücke teilen, diese zu zwei Kugeln formen und etwas flach drücken. Mindestens 1 Stunde kalt stellen. Den Ofen auf 175° C vorheizen. Die Teigstücke ein paar Millimeter dick ausrollen. Kekse ausstechen und auf Bleche mit Backpapier legen. Einen Klecks Blaubeerkonfitüre auf jeden Keks geben. Die Kekse 8–10 Minuten backen. Auf einem Gitter abkühlen lassen.

Himbeerbiskuits

REZEPT FÜR 15–20 STÜCK

Böden

300 g Marzipan-Rohmasse

1 Eiweiß

ein paar Tropfen rosa Lebensmittelfarbe

HIMBEER-BUTTERCREME

75 g Himbeeren

125 g zimmerwarme Butter

75 g Puderzucker

TOPPING

100 g weiße Schokolade

rosa Zuckerstreusel

BÖDEN Den Ofen auf 175° C vorheizen. Die Marzipan-Rohmasse grob in eine Schüssel reiben und mit dem Eiweiß und der Lebensmittelfarbe vermischen. Zu einer dicken, glatten Masse rühren. In einen Spritzbeutel füllen und runde Böden auf ein Blech mit Backpapier spritzen oder die Masse mit einem Löffel auf das Blech klecksen. Auf der mittleren Schiene 12–15 Minuten backen. Eine Weile auf dem Blech abkühlen lassen, dann die Böden vom Blech lösen und zum Auskühlen mit der glatten Seite nach oben auf ein Gitter legen.

HIMBEER-BUTTERCREME Die Himbeeren in einen Topf geben und erhitzen, bis sie weich und flüssig sind. Durch ein Sieb passieren, das Püree auffangen und die Samen wegwerfen. Abkühlen lassen. Butter und Puderzucker cremig schlagen. Das Himbeerpüree in die Buttercreme einrühren. Die Himbeercreme auf die Biskuitböden streichen, sodass sie einen kleinen Hügel bildet. Die Biskuits 30 Minuten in den Kühlschrank oder das Gefrierfach stellen.

TOPPING Die Schokolade hacken und schmelzen. Die Biskuits kurz in die Schokolade tauchen, mit Zuckerstreuseln bestreuen und kalt aufbewahren.

ERDBEERKUCHEN

275 g zimmerwarme Butter und etwas für die Form

275 g Zucker

4 Eier

500 g Weizenmehl

3 TL Backpulver

2 TL Vanillezucker

125 ml Milch

ein paar Tropfen rote Lebensmittelfarbe

250 g frische Erdbeeren (Nettogewicht)

1 EL Speisestärke

Semmelbrösel für die Form

evtl. Puderzucker

Den Ofen auf 180° C vorheizen. Eine Form, die 2 Liter fasst, einfetten und mit Semmelbröseln ausstreuen. Butter und Zucker schaumig schlagen. Die Eier nacheinander einrühren. Mehl, Backpulver und Vanillezucker mischen und hineinsieben. Milch und Lebensmittelfarbe einrühren und zu einem glatten Teig vermischen. Ein Drittel des Teigs in der Form verteilen. Die Erdbeeren in kleine Stücke schneiden und in eine Schüssel legen. Speisestärke darüberstäuben und vermischen. Die Erdbeeren unter den restlichen Teig heben. Den Teig in der Form verteilen und den Kuchen ca. 60 Minuten backen; mit der Stäbchenprobe kontrollieren, ob er fertig ist. Den Kuchen vor dem Stürzen 15 Minuten in der Form ruhen lassen. Zum Servieren nach Belieben mit Puderzucker bestäuben.

Prinzesstörtchen

REZEPT FÜR 10–12 STÜCK

Muffins

2 Eier

125 g Zucker

100 ml Sonnenblumenöl

200 g Weizenmehl

1 1/2 TL Backpulver

1 TL Vanillezucker

150 ml Milch

VANILLECREME

250 ml Milch

1/2 Vanillestange

3 Eigelb

50 g Zucker

2 1/2 EL Maisstärke

1 EL Butter

FÜLLUNG

500 g Sahne

200 ml der Vanillecreme

100 g Himbeer- oder Erdbeerkonfitüre

DEKORATION

farbiges Marzipan

Puderzucker

MUFFINS Den Ofen auf 200° C vorheizen. Eier und Zucker schaumig schlagen. Das Öl unterrühren. Mehl, Backpulver und Vanillezucker mischen und im Wechsel mit der Milch vorsichtig unterheben. Muffinförmchen in ein Muffinblech oder auf ein Backblech stellen. Zu zwei Dritteln mit Teig füllen. Auf der mittleren Schiene ca. 20 Minuten backen.

VANILLECREME Die Milch in einen Topf mit dickem Boden gießen. Die Vanillestange aufschneiden und das Mark herauskratzen. Mark und Vanillestange in die Milch geben. Rasch aufkochen, dann von der Platte nehmen und ca. 15 Minuten ziehen lassen. Eigelb, Zucker und Maisstärke in einer Schüssel schaumig schlagen. Die Vanillemilch einrühren und glatt rühren. Die Masse zurück in den Topf gießen, weiter rühren und bei schwacher Hitze erwärmen, bis die Creme einzudicken beginnt. Von der Platte nehmen und die Butter hinzufügen. Schnell im Wasserbad abkühlen.

FÜLLUNG Die Sahne schlagen. Die Vanillecreme unter die Hälfte der Sahne heben.

ZUSAMMENSETZEN Jeden Muffin in drei Böden teilen. Den untersten mit Konfitüre bestreichen. Den nächsten darauflegen und mit einer dicken Schicht Sahne-Vanillecreme bestreichen. Den letzten Boden auflegen und eine dicke Schicht Sahne daraufstreichen, oben wie eine Kugel abrunden. Auch auf die Seiten etwas Sahne streichen, sodass das Marzipan hält. Das Marzipan dünn ausrollen und mit einem Ausstecher mit 10–12 cm Durchmesser Kreise ausstechen. Vorsichtig eine Marzipandecke über jedes Törtchen legen und am unteren Rand andrücken. Mit Puderzucker bestäuben.

PRINZESSTÖRTCHEN UND DAVOR GEFRORENE BLAUBEERTÖRTCHEN

KIWISORBET

GEFRORENE BLAUBEERTÖRTCHEN

REZEPT FÜR 10 STÜCK

KARDAMOMKEKSE

250 g Butter

85 g Zucker

2 TL frisch zerstoßener Kardamom

300 g Weizenmehl

1 Eigelb

BLAUBEEREIS

2 Eigelb

85 g Zucker

150 g Sahne

2 TL Vanillezucker

150 g Blaubeeren

2 EL frisch gepresster Zitronensaft

150 ml Milch

DEKORATION

Kakaopulver

Schablone

KARDAMOMKEKSE Butter, Zucker, Kardamom und Mehl zu einer krümeligen Masse vermischen. Das Eigelb hinzufügen und rasch zu einem Teig verarbeiten. 1 Stunde kühl stellen. Den Ofen auf 220° C vorheizen. Den Teig dünn ausrollen und mit einem Ausstecher Kekse ausstechen. Auf Bleche mit Backpapier legen und 6–7 Minuten backen. Ganz abkühlen lassen.

BLAUBEEREIS Eigelb mit der Hälfte des Zuckers schaumig schlagen. Die Sahne zusammen mit dem Vanillezucker schlagen. Die Blaubeeren mit dem Rest des Zuckers und dem Zitronensaft zerdrücken. Milch und Vanillesahne in das Blaubeermus mischen. Zum Schluss die Eiermischung unterheben. Die Masse ca. 30 Minuten in einer Eismaschine verarbeiten, dann in einen Plastikbehälter mit Deckel füllen und einfrieren. Ohne Eismaschine die Eismasse in einen Plastikbehälter mit Deckel füllen und 3–4 Stunden einfrieren, alle 20 Minuten umrühren.

ZUSAMMENSETZEN Mit demselben Ausstecher wie bei den Keksen Eisstücke ausstechen. Die Eisstücke auf die Hälfte der Kekse legen. Mit Blaubeeren belegen und dann die restlichen Kekse auflegen. Mithilfe einer Schablone Kakaomuster daraufstäuben.

KIWISORBET

REZEPT FÜR 4 PORTIONEN

175 g Zucker

4 Kiwis

Saft von einer Zitrone

Zucker mit 250 ml Wasser unter Rühren aufkochen, bis sich der Zucker aufgelöst hat. Ganz abkühlen lassen. Die Kiwis aushöhlen. Das Fruchtfleisch zu Püree verarbeiten oder zerdrücken und mit dem kalten Zuckerwasser mischen. Zitronensaft hinzufügen. Die Masse in der Eismaschine verarbeiten. Ohne Eismaschine die Masse in eine Plastikschüssel füllen und ca. 6 Stunden in das Gefrierfach stellen. Das Sorbet in regelmäßigen Abständen von etwa 30 Minuten rühren, sodass sich keine großen Eiskristalle bilden, und nach ein paar Stunden mit einem Rührgerät schlagen.

ERDBEERMOUSSE-TORTE MIT NUSSSCHOKOLADENBODEN

HASELNUSSBODEN

4 Eier

275 g Zucker

200 g zimmerwarme Butter und etwas für die Formen

200 g Haselnüsse

200 g Weizenmehl

40 g Kakao

3 TL Backpulver

200 ml Milch

Semmelbrösel für die Formen

SCHOKOLADENSAHNE

200 g weiße Schokolade

200 g Sahne

ERDBEERMOUSSE

500 g Erdbeeren

100 g Zucker

1 EL Gelatinepulver

150 g Sahne

SCHOKOLADENSAUCE

85 g Zucker

40 g Kakaopulver

DEKORATION

500 g Sahne

250 g Erdbeeren

HASELNUSSBODEN Den Ofen auf 200° C vorheizen. Drei runde, gleichgroße Formen mit 18 cm Durchmesser einfetten und mit Semmelbröseln ausstreuen. Eier und Zucker weiß und schaumig schlagen. Butter einrühren. Haselnüsse fein mahlen und mit Mehl, Kakao und Backpulver mischen. Die Mehlmischung abwechselnd mit der Milch zur Eimasse geben. Den Teig in den Formen verteilen und ca. 30 Minuten backen. Abkühlen lassen.

SCHOKOLADENSAHNE Schokolade fein hacken und in eine Schüssel füllen. Sahne erhitzen, aber nicht kochen lassen. Über die Schokolade gießen und rühren, bis diese geschmolzen ist. Die Creme im kalten Wasserbad abkühlen und kalt stellen, gerne über Nacht. Aus dem Kühlschrank nehmen und schnell mit einem Rührgerät zu einer lockeren Masse verarbeiten. Sie muss beim Schlagen ganz kalt sein, sonst besteht das Risiko, dass sie körnig wird und sich nicht schlagen lässt.

ERDBEERMOUSSE Die Erdbeeren zerdrücken und Zucker hinzufügen. Beiseite stellen. Gelatinepulver in 2 EL kaltes Wasser rühren, dann 3 EL kochendes Wasser hinzufügen und rühren, bis die Gelatine sich aufgelöst hat. In die Erdbeeren einrühren und abkühlen lassen, bis die Konsistenz sirupartig ist. Sahne schlagen und unter die Erdbeermischung heben. 30 Minuten kalt stellen.

SCHOKOLADENSAUCE Die Zutaten mit 100 ml Wasser in einem Topf mischen und bei schwacher Hitze erwärmen, bis sich der Zucker aufgelöst hat. Kalt stellen.

ZUSAMMENSETZEN Die Sahne schlagen. Einen der Böden mit Erdbeermousse bestreichen und einen mit Schokoladensahne. Zusammensetzen und den letzten Boden darauflegen. Kurz vor dem Servieren die geschlagene Sahne auf und rund um die Torte streichen. Schokoladensauce darübergießen, sodass sie über die Ränder hinunter läuft, und mit Erdbeeren belegen.

Kirschtarte

BODEN

300 g Weizenmehl

85 g Zucker

200 g zimmerwarme Butter

FÜLLUNG

300 g frische Kirschen

50 g Zucker

1 EL Speisestärke

1 Ei zum Bestreichen

ZUM SERVIEREN

Schlagsahne

BODEN Mehl und Zucker in eine Schüssel füllen. Die Butter löffelweise zugeben und zu einer krümeligen Masse verarbeiten. 50 ml Wasser hinzufügen und rasch zu einem Teig verarbeiten. Zwei Drittel des Teiges in eine Tarte-Form mit ca. 24 cm Durchmesser drücken. 1 Stunde kalt stellen. Den Rest des Teiges flach ausrollen. Kalt stellen.

FÜLLUNG Den Ofen auf 220° C vorheizen. Die Kirschen entkernen und in eine Schüssel geben. Mit Zucker und Speisestärke bestreuen. Vorsichtig umrühren, sodass die Kirschen mit Zucker und Stärke vermischt werden. In die Tarte-Form geben. Den restlichen Teig in Streifen schneiden und ein hübsches Karomuster über die Kirschen legen. Mit verquirltem Ei bestreichen. Auf der mittleren Schiene 20–25 Minuten backen. Abkühlen lassen und mit geschlagener Sahne servieren.

KONFITÜRENKEKSE

REZEPT FÜR CA. 50 STÜCK

- 200 g zimmerwarme Marzipan-Rohmasse
- 200 g zimmerwarme Butter
- 200 g Weizenmehl
- 50 g Mandelblättchen
- 150 ml Himbeerkonfitüre

Die Marzipan-Rohmasse reiben und mit der Butter zu einer gleichmäßigen Masse vermengen. Nach und nach das Mehl hinzufügen und die Masse zu einem Teig zusammenkneten. In Frischhaltefolie wickeln und im Kühlschrank mindestens 2 Stunden ruhen lassen. Die Mandelblättchen grob hacken. Den Teig in drei Stücke teilen. Die Stücke zu Rollen formen und in den Mandelspänen wälzen. Die Rollen ca. 1 Stunde einfrieren. Den Ofen auf 200° C vorheizen. Die Rollen in $^1/_2$ cm dicke Scheiben schneiden und auf Bleche mit Backpapier legen. In die Mitte jedes Kekses eine Vertiefung drücken und mit Himbeerkonfitüre füllen. 8–10 Minuten backen.

ZITRONEN-ROSMARIN-KEKSE

REZEPT FÜR CA. 30 STÜCK

- 250 g zimmerwarme Butter
- 150 g Zucker
- 1 Ei
- 1 TL Vanillezucker
- 1 EL fein gehackter frischer Rosmarin
- abgeriebene Schale von einer unbehandelten Zitrone
- 350 g Weizenmehl

Butter und Zucker schaumig schlagen. Ei und Vanillezucker einrühren. Rosmarin, Zitronenschale und Mehl hinzufügen und zu einem Teig verarbeiten. Den Teig zu zwei Rollen formen und 1 Stunde in den Kühlschrank legen. Den Ofen auf 200° C vorheizen. Die Rollen in ca. $^1/_2$ cm dicke Scheiben schneiden und auf Bleche mit Backpapier legen. 12–15 Minuten backen.

Sommermuffins

REZEPT FÜR 12 STÜCK

MUFFINS

100 g Butter

200 ml Milch

abgeriebene Schale von einer unbehandelten Zitrone

2 Eier

125 g Zucker

1 TL Vanillezucker

250 g Weizenmehl

2 TL Backpulver

eine Prise Salz

125 g frische oder gefrorene Himbeeren

evtl. 1 EL Speisestärke

STREUSEL

80 g Haferflocken

60 g Weizenmehl

85 g Zucker

75 g kalte Butter

DEKORATION

rosa Zuckerstreusel

frische Himbeeren

Den Ofen auf 200° C vorheizen. Die Butter schmelzen und Milch sowie abgeriebene Zitronenschale hinzufügen. Eier, Zucker und Vanillezucker weiß und schaumig schlagen. Die Flüssigkeit einrühren. Weizenmehl, Backpulver und Salz vermischen und unter die Masse heben. Papierförmchen in ein Muffinblech oder auf ein Backblech stellen und die Formen zu zwei Dritteln mit Teig füllen. Falls Sie gefrorene Himbeeren verwenden, diese zuerst mit etwas Speisestärke mischen. Ein paar Himbeeren in jeden Muffin drücken. Haferflocken, Mehl und Zucker vermischen. Kalte gewürfelte Butter hinzufügen und zu einem Streuselteig verarbeiten. Ein paar Streusel auf jeden Muffin geben und mit Zuckerstreuseln bestreuen. Auf der mittleren Schiene ca. 15 Minuten backen. Mit frischen Himbeeren dekorieren.

Zitronenmuffins

REZEPT FÜR 10–12 STÜCK

ZITRONENMUFFINS

100 g zimmerwarme Butter

125 g Zucker

2 Eier

abgeriebene Schale und Saft von 2 unbehandelten Zitronen

200 g Weizenmehl

1 ½ TL Backpulver

1 TL Vanillezucker

75 ml Milch

BUTTERCREME

100 g zimmerwarme Butter

125 g Puderzucker

2 TL Vanillezucker

DEKORATION

1 Tüte Mini-Marshmallows

125 g farbiger Zucker

oder 125 g Zucker

2–3 verschiedene Sorten Farbpaste

MUFFINS Den Ofen auf 200° C vorheizen. Butter und Zucker ein paar Minuten schaumig schlagen. Die Eier nacheinander unterrühren. Zitronensaft und Zitronenschale hinzufügen. Mehl, Backpulver und Vanillezucker vermischen. Die Mehlmischung abwechselnd mit der Milch vorsichtig in die Eiermasse einrühren. Muffinförmchen in ein Muffinblech oder auf ein Backblech stellen und zu zwei Dritteln mit Teig füllen. Auf der mittleren Schiene ca. 20 Minuten backen. Abkühlen lassen.

BUTTERCREME Butter, Puderzucker und Vanillezucker zu einer lockeren Creme schlagen.

DEKORATION Alle Muffins oben mit Buttercreme bestreichen. Falls Sie den Zucker selbst färben, mit den gewählten Farben mischen und eine Weile trocknen lassen. Jede Zuckerfarbe in eine eigene Schüssel füllen. Die Marshmallows in der Mitte durchschneiden und die Schnittfläche in gefärbten Zucker tauchen. Mit der Schnittfläche nach oben auf die Muffins legen, sodass sie ein Blumenmuster bilden.

SANDDORN-TARTELETTES

REZEPT FÜR 12 STÜCK

SANDDORN-CURD

300 g Sanddornbeeren

175 g Zucker

50 g Butter

2 Eier

MÜRBTEIG

100 g kalte Butter

250 g Weizenmehl

100 g Puderzucker

2 Eier

eine Prise Salz

DEKORATION

frische Beeren

Tortelettenformen

SANDDORN-CURD Die Beeren pürieren. Die Masse durch ein Sieb passieren und das Püree in einer Schüssel auffangen. Schalen und Kerne wegwerfen. Die Schüssel in ein Wasserbad mit kochendem Wasser stellen. Den Rest der Zutaten hinzufügen und schlagen, bis alles gut vermischt ist. Das Wasser weiterkochen lassen und die Mischung unter ständigem Rühren langsam erhitzen, bis sie so dick ist, dass sie die Rückseite eines Kochlöffels bedeckt, ohne sofort herunterzulaufen; das dauert 20–30 Minuten. In heiße, sterilisierte Behälter geben und verschließen. Sofort kühlen und kalt aufbewahren. Hält sich ca. 3 Wochen.

MÜRBTEIG Butter, Mehl und Salz rasch zu einem krümeligen Teig verkneten. Puderzucker und Eier hinzufügen und zu einem Teig verarbeiten. Den Teig mindestens 1 Stunde oder über Nacht im Kühlschrank ruhen lassen. Den Mürbteig in kleine Metallformen drücken. Bei 200° C 10–15 Minuten backen. Eine Weile abkühlen lassen und dann die Tartelettes vorsichtig aus der Form lösen. Mit Sanddorn-Curd füllen und mit verschiedenen frischen Beeren dekorieren.

Limettenmuffins

REZEPT FÜR 12 GROSSE ODER 24 KLEINE MUFFINS

100 g zimmerwarme Butter

175 g Zucker

2 Eier

200 g Weizenmehl

1 TL Vanillezucker

2 TL Backpulver

100 g Naturjoghurt

abgeriebene Schale und Saft von 2 unbehandelten Limetten

ein paar Tropfen hellgrüne Lebensmittelfarbe

35 g Kokosflocken

FROSTING

225 g Frischkäse

175 g Puderzucker

100 g zimmerwarme Butter

$^1/_2$ TL echtes Vanillepulver

abgeriebene Schale von einer unbehandelten Limette

1 $^1/_2$ EL Kokosflocken

Den Ofen auf 220° C vorheizen. Butter und Zucker ein paar Minuten lang schaumig schlagen. Die Eier nacheinander einrühren. Mehl, Vanillezucker und Backpulver vermischen und unterrühren. Joghurt, Limettenschale, Limettensaft und Lebensmittelfarbe untermischen. Zum Schluss die Kokosflocken unterheben. Den Teig in den Formen verteilen und auf der mittleren Schiene 15 Minuten backen; mit der Stäbchenprobe kontrollieren, ob die Muffins fertig sind. Ein paar Minuten abkühlen lassen. Alle Zutaten für das Frosting miteinander verrühren und aufspritzen, wenn die Muffins abgekühlt sind.

BLAUBEER-ZITRONEN-SCHNITTEN

REZEPT FÜR CA. 60 STÜCK

MÜRBTEIG

325 g Weizenmehl

85 g Zucker

1 EL Vanillezucker

300 g kalte Butter

1 Eigelb

BLAUBEERFÜLLUNG

1 TL Kardamom

4 EL Blaubeerkonfitüre

ZITRONENFÜLLUNG

abgeriebene Schale von einer unbehandelten Zitrone

4 EL Lemon Curd

GLASUR

125 g Puderzucker

Die trockenen Zutaten für den Teig in eine Schüssel geben. Die Butter in Würfel schneiden und zusammen mit dem Eigelb hinzufügen. Rasch mit einem Rührgerät vermengen oder von Hand zu einem Teig kneten. Den Teig in zwei Stücke teilen und in Frischhaltefolie wickeln. 30 Minuten kalt stellen. Den Ofen auf 175° C vorheizen. Den Kardamom in einem Mörser zerstoßen und mit der Blaubeerkonfitüre vermischen. Die Zitronenschale mit Lemon Curd vermischen. Die Teigstücke herausholen und leicht kneten. Jedes Stück zu zwei Rollen von 35 cm rollen und auf Bleche mit Backpapier legen. Etwas flach drücken und längs eine Vertiefung in jede Rolle drücken. Die Vertiefung von zwei Rollen mit Blaubeerfüllung füllen und die der anderen mit Zitronenfüllung. Auf der mittleren Schiene 15–20 Minuten backen, bis der Teig etwas Farbe bekommen hat. Herausnehmen und abkühlen lassen. Für die Glasur den Puderzucker mit 4 TL Wasser anrühren und über die Rollen träufeln. In schräge Stücke schneiden.

Register

Dank an:

Tielman für all die schönen Muffinformen
Cheryl Lindblad für die fantastischen Nordic Ware-Formen
Anders Colliander für Requisiten

Bezugshilfen

In Skandinavien werden einige Zutaten zum Backen verwendet, die in Deutschland nur schlecht zu bekommen sind. Daher haben wir mögliche Bezugsquellen für Sie aufgelistet, sollten Sie manche Zutaten nicht in Ihrem gut sortierten Supermarkt finden. Bitte beachten Sie, dass der Verlag keine Garantie für die Aktualität der Webadressen übernehmen kann.

PFEFFERMINZÖL für die Rezepte auf den Seiten 30, 36 und 47 können Sie über Apotheken oder www.dragonspice.de beziehen, achten Sie aber bitte darauf, dass dem Öl keine Zusätze beigemischt sind.
Das **GRÜNTEEPULVER** für die Kekse von Seite 39 ist ebenso zum Beispiel auf www.dragonspice.de erhältlich. Unter dem japanischen Begriff ‚Macha' oder ‚Matcha' finden Sie es auch in gut sortierten Asialäden oder aber im Teeladen.
Der im Rezept für die Marshmallows auf Seite 64 verwendete **GLUKOSESIRUP** wird üblicherweise bei der Herstellung von Bonbons oder Ähnlichem von Konditoren oder Bäckern verwendet. Er wird auch unter der Bezeichnung ‚Stärkesirup', ‚Bonbonsirup' oder ‚Maissirup' vertrieben. Der ‚Helle Sirup' von Grafschafter kann in diesem Falle verwendet werden.
VANILLE FUDGES für die Weißen Schokoladen-Marshmallow-Happen auf Seite 69 sind eine Köstlichkeit, die aus dem britischen Raum stammt. Sie können Sie unter anderem über www.brightbritain.de beziehen.
LAKRITZBOOTE aus dem Rezept für Vanille-Lakritz-Torte auf Seite 72 bekommt man in Schweden in jedem gut sortierten Supermarkt. Bestellen kann man sie z. B. über www.lakritz-krueger.de.
Frische Blüten wie die **SANDDORNBLÜTEN** für die Pistazien-Sanddorn-Biscotti auf Seite 84 oder die **LAVENDELBLÜTEN** für Müsliriegel mit Schokolade, Lavendel und Nüssen auf Seite 88 sollten zum Verzehr geeignet sein und daher keine Zusätze enthalten. Sie bekommen sie in gut sortierten Teeläden oder in Apotheken.
Die **HASELNUSSMASSE** für die Sündige Nugattorte auf Seite 98 kann durch Schweizer Nussgipflifüllung ersetzt werden, die man in der Schweiz im Supermarkt bekommt. Die original schwedische Hasselnötsmassa kann man über www.skanaffaer.de bestellen.
Bezugsadressen für Fruchtsirups, wie der **ZITRONENSIRUP** für die Zitronentorte auf Seite 116 oder der **ERDBEERSIRUP** für die Rosentörtchen auf 120, können Sie z.B. auf www.monin-sirup.de erhalten, einige Sirups können Sie zudem auch über www.skanaffaer.de beziehen.
BLAUBEERPULVER aus Lappland für das Blaubeer-Dessert auf Seite 132 bekommt man in Apotheken oder über www.dragonspice.de. Suchen Sie hier bitte nach dem Begriff ‚Heidelbeerpulver'.
Für viele Rezepte in diesem Buch benötigen Sie sogenannte **HELLE, DUNKLE** und **WEISSE SIRUPS**, also ‚ljus sirap', ‚mölk sirap' und ‚vit sirap'. Die skandinavischen Originale werden zum Beispiel von dem Zuckerhersteller DanSukker als Nebenprodukt bei der Herstellung von Haushaltszucker aus Zuckerrohr oder Zuckerrüben gewonnen. Sie sind unter anderem auf www.schweden-markt.de erhältlich. Sie können die Sirups auch mit in Deutschland erhältlichen Produkten wie Ahornsirup, Zuckerrübensirup oder Agavendicksaft ersetzen, allerdings ist in diesem Falle eine leichte Geschmacksänderung des Backwerks nicht auszuschließen.